경제 위기를 넘어선 기독교 문화

경제 위기를 넘어선 기독교 문화

엮은이 · 임성빈
초판 1쇄 찍은날 · 1999년 10월 25일
초판 1쇄 펴낸날 · 1999년 11월 5일
펴낸이 · 김승태
편집, 교정 · 강진희
표지디자인 · 한영애
영업 · 김석주
등록번호 · 제2-1349호(1992.3.31)
펴낸곳 · 예영커뮤니케이션
　　　　　110-616 서울 광화문우체국 사서함 1661
　　　　　(유통사업부) T. (02) 830-8566 F. (02) 830-8567
　　　　　(편집부) T. (02) 2264-7211~3 F. (02) 2264-7214
　　　　　E-mail : jeyoung@chollian.net

ISBN 89-8350-174-X 03230

값 5,000 원

■ 잘못 만들어진 책은 언제든지 교환해 드립니다.

경제 위기를 넘어선 기독교 문화

임성빈 엮음

예영커뮤니케이션

▓ 머 리 말 ▓

1997년! 온 국민들이 충격 속에 맞이한 이른바 'IMF 구제금융 시대'는 경제 분야뿐만 아니라 정치, 교육, 종교, 문화 등 각 분야에 새로운 변화를 요구했다. 가계의 소득이 줄어들고 가장이 언제 정리해고를 당할지 모르는 상황에서 주부는 지출을 줄일 수밖에 없었다. 부모 자신을 위한 소비는 물론이고, 자녀의 사교육비를 줄이거나 없애는 일들이 속속 일어났다. 부모로부터 용돈을 제대로 받지 못하게 된 초중고생들과 젊은이들은 그만큼 문화 소비를 줄여야 했고 그 여파로 대학로와 신촌이 한동안 '썰렁'하게 되었다. 교회도 이 영향으로부터 자유로울 수는 없었다. 헌금이 줄어들어 긴축을 해야만 했다. 이러한 사회적 상황들은 경제로부터 가정과 문화에 이르는 삶의 모든 영역들이 긴밀하게 연결되어 있음을 말해 주고 있다.

1998년! IMF 지원금융 체제가 온 국민들에게 깊고도 구체적인 상처를 주기 시작하자 기업은 물론이고 가정에도 위기감이 더욱 고조되기 시작하였다. 생존권에 위협을 느끼기 시작한 노동자들의 데모가 끊이질 않았고, 기업들은 나름대로 열악한 상황을 극복하느라 무진 애를 썼다. 실업과 부도, 가계 경제 파탄이라는 극심한 경제 위기 속에서 갈 곳을 잃은 노숙자들도 나날이 늘어 가기 시작하였으며, 심지어는 절망 속에서 자살하는 가장들도 나타나기 시작했다. 이러한 위기 상황의 한가운데서, 장신대 '교회와사회연구원'이 주최하고 동숭교회에서 후원한 제3회 기독교문화교실이 "경제 위기와 그리스도인의 문화적 책임"이란 주제로 열렸다. 이 책자는 그때의 강의들을 글로 엮은 것이다.

필자의 "경제 위기와 그리스도인의 문화적 과제"는 그리스도인이 참여하는 구체적인 시공의 경제 활동이 신앙과 무관한 일이 아니며, 더욱이 문화와 긴밀한 상관 관계에 있음을 설명하는 글이다. 이 글을 통하여 우리 그리스도인들이 더욱 적극적으로 건강한 경제 생활을 각자의 일터에서 묵묵히 실천하는 것이 이 땅에 거룩한 문화를 형성하는 길이라는 것을 다시 한 번 확인하기를 기대한다. 하나님께서 기뻐 받으시는 제사는 우리의 몸으로 드리는 산 제사임을 기억하자!

이의용 장로의 "경제 위기와 그리스도인의 일터 문화"는 그리스도인의 일터가 단지 생계를 위해 부수적으로 일하는 곳이 되어서는 안 된다는 것을 말하고 있다. 오히려 일터는 우리의 비전을 성취하는 곳이며, 이웃을 섬기는 장이고 동시에 그곳이 우리의 중요한 선교 사역지임을 일깨워 주는 글이다.

홍인종 교수의 "경제 위기와 그리스도인의 가정"은 경제 위기로 흔들리고 파괴되기까지 하는 가정의 현실 문제들을 다루면서 어떻게 하면 다시 그 가정을 하나님께서 원하시는 대로 아름답게 회복할 수 있는지를 논의하는 글이다.

양동복 선생의 "CCM, 교회음악으로 정착되고 있는가?"는 아직도 교회 안에서 논쟁거리가 되고 있는 이른바 'CCM 수용 문제'에 관한 대안적 글이다. CCM에 대한 개념과 함께 그간에 있어 왔던 오해들을 풀어 내면서 교회가 더욱 적극적으로 젊은이들의 음악인 CCM을 수용할 것을 주장하고 있다.

유재희 선생의 "대안적 기독교 영화를 꿈꾸며"는 그 동안 기독교 문화 운동이 대중문화의 부정적인 측면을 고발하고 경계하는 것에 초점을 맞추어 온 관계로 영화를 보는 기독교인들의 시각도 매우 부정적임을 지적하고 있다. 이 문제를 근본적으로 해결하기 위해서는, 교회가 우선 주체적 수용 능력을 가진 영화 소비자들을 양육해야 하고, 한편으로는 기독교 세계관에 입각한 영화들이 나올 수 있도록 감독과 배우, 작가들을 후원해 주어야 한다는 주장을 펴고 있다.

정재후 목사의 "기독교 대중문화 산업과 문화 생산자 운동"은 기독교 세계관이 이원론이 아님에도 불구하고 세상을 적대시하는 풍조가 한국 교회에 있어 왔음을 우선 지적한다. 대중문화 산업은 해마다 기하급수적인 성장을 기록하고 있는 주요 산업이고 그만큼 영향력이 커지고 있다는 뜻이므로 기독교도 이 산업에 적극적으로 참여하여 기독교 가치관을 담은 문화 상품들을 제대로 제작, 유통할 수 있어야 한다는 주장을 펴고 있다.

1999년! 이제 한 고비를 넘겼다는 안도 속에서 20세기를 마감하고 있다. 물론 아직도 '가진 자들'만의 주식이나 부동산 가격의 상승으로 금융 자산이 증가했을 뿐 일반 대중들의 가계에는 별로 변화가 없다는 지적도 있다. 또한 경제 회복기를 틈타 그 동안 움츠러들었던 향락적인 소비 문화가 다시 기지개를 펴는 듯도 하다. 또한 기독교계에서는 이제는 교회가 교회 안의 사역에만 관심을 둘 것이 아니라 세상에 눈을 돌리는 문화 운동을 전개해야 한다는 자성의 목소리도 들리고 있다. 이런 상황 속에서 다시 한 번 "사회적 위기와 그리스도인의 문화적 과제"를 상기하고 반성하는 것은 우리의 현재와 미래를 위하여 유익한 작업이 될 것으로 믿는다.

1999년 10월에

장신대 '기독교와문화' 교수, 문화선교연구원장

임 성 빈

▓ 차 례 ▓

▧ 차 례 ▧

경제 위기와 그리스도인의 문화적 과제

임성빈

장신대 기독교와문화 교수

1. 신앙인이 경제와 문화를 말해야 하는 이유

우리는 흔들리는 경제를 통하여 경제와 문화, 가정, 사회 사이의 밀접한 관련성을 피부로 체험하고 있다. 경제의 흔들림이 우리의 삶의 틀인 문화에도 변화를 초래하고 있으며, 가정에도 큰 타격을 가하고 있고, 총체적인 사회적 위기감을 조장하고 있기 때문이다.1) 이 글의 기본적인 관심은 경제, 문화, 가정과 사회의 밀접한 관련성을 신앙적 관점에서 분석하는 데에 있다.

그것은 무엇보다도 오늘의 사회적 위기를 근본적으로 극복하기 위하여서는 경제 위기를 초래한 원인에 대한 근본적 분석이 요구되기 때문이다. 우리는 오늘의 위기가 경제 문제에 국한된 사회과학적인 수평적 분석으로써 극복될 수 있는 것은 아니라고 본다. 왜냐하면 경제 위기로 표면화되어 있는 오늘의 사회 위기의 극복은 매우 근본적인 처방을 요구하고 있기 때문이다. 그러므로 오늘날의 위기의 총체적 성격은 신앙적인 차원에서의 분석과 처방을 필요로 하고 있다. 사실 우리의 경제 행위를 결정하는 선택은 삶에 대한 근본적 태도, 즉 기본적인 우리의 가치관과 삶의 철학으로부터 비롯되는 것이며, 그것은 곧 신앙적인 문제이다.2)

---

1) 이 글은 1998년 초, 경제 위기가 막 시작되었던 시점에 시작되었다. 그 후 책자로 편집되는 1년여의 기간 동안 사회적 위기감이 줄어든 것이 사실이다. 1999년 10월에 이르러서는 체감경기마저 좋아지고 있다고 한다. 그러나 우리 사회에 위기를 초래하였던 원인들은 아직도 상당 부분 미해결의 상태로 남아 있다고 볼 수 있다. 그런 의미에서 이 글에서 제기하는 문제들은 여전히 고려하여야 할 가치가 있다고 사료된다.

2) 신앙이란 우리 삶의 선택에 근본적인 영향력을 발휘하는 삶의 태도로서, 하나

그러나 신앙적인 접근이 곧 사회과학적인 접근을 배제하는 것이 아님도 분명히 할 필요가 있다. 오히려 성령의 조명 아래 사회과학적인 접근을 하는 것은 우리로 하여금 문제에 대해 더욱 통전적인 판단을 할 수 있도록 돕는다. 우주 만물에 대한 하나님의 주권을 믿는 신앙은 사회과학적인 접근에서 제시하는 분석과 그에 따른 처방을 하나님의 말씀에 비추어 비판적으로 수용할 수 있는 폭넓은 자세를 우리에게 요구한다. 사실 사회과학적인 방법에 의하여 분석되는 자료들을 적극적으로 활용함으로써 우리는 하나님의 명령을 지금, 이 자리에서 더욱 구체적으로 실천할 수 있게 된다.

우리의 상황 분석과 그에 따른 실천과 결단이 더욱 구체적인 것들이 되기 위하여 우리는 '문화'라는 영역에 많은 관심을 기울일 것이다. 여기에서 문화란 하나님이 창조하신 이후에 인간의 손길이 덧붙여진 모든 영역을 의미한다. 우리가 특별히 '문화'에 관심을 기울이는 또 다른 이유는 한국 교회와 신앙의 고질적인 문제점인 신앙과 삶의 이원화 현상을 극복하기 위함이다. 신앙과 삶은 문화라는 맥락과 매개를 통하여 함께 이야기될 수밖에 없기 때문이다.

이 글은 위기의 시대에 한국 교회가 교회로서의 역할을 감당함으

님과의 신뢰(trust)와 충성(loyalty)의 관계를 의미한다. 그러므로 신앙인들에게 있어서 오늘날의 위기에 대한 원인 분석과 처방은 신앙적인 관점을 전제로 한다. 이것은 비신앙인들에게 있어서도 마찬가지이다. 왜냐하면 사람들은 누구나 나름대로의 가치관에 의한 선택을 하며, 그 가치관은 자신이 가장 중요하게 여기는 '가치의 중심'(the center of value)에 의하여 결정적인 영향을 받기 때문이다. 이러한 관점에서 본다면 기독교 신앙인과 비신앙인의 차이점은, 전자는 그 '가치의 중심'을 하나님(God)에게 둔다는 것이고 후자는 나름대로의 신들(gods)에게 둔다는 것이다. 또한 신앙이 좋다고 하는 것은 가치의 중심을 향한 신뢰와 충성에 있어서 일관성과 헌신도가 뛰어나다는 것을 의미한다.

로써, 소금과 빛으로서의 본질적 사명을 회복함에 조금이나마 도움이 되자는 목적에서 쓰여진 것이다. 교회다운 교회로서의 회복만이 결국 한국 교회로 하여금 대 사회적 공신력과 지도력을 회복케 하며, 나아가 한국 교회가 민족 복음화와 세계 선교를 향한 주님의 도구로서 제대로 쓰일 수 있도록 하는 유일한 길이기 때문이다.

2. 왜 우리는 경제와 문화를 함께 말해야 하나?

1) 경제의 흔들림에 곧 문화의 흔들림과 직결되기 때문이다

경제 위기는 가치관의 혼란을 초래한다. 즉 자신의 삶의 우선순위에 대하여 새롭게 생각하는 계기가 된다. 이때 많은 사람들은 이전에는 당연히 필요하다고 생각하였던 것들을 포기하게 된다. 즉 자신의 생존을 위한 선택을 제외한 다른 모든 선택들이 한 번쯤은 의심의 대상이 된다는 것이다. 이러한 의심과 포기를 통하여 각자의 삶의 환경, 즉 문화는 다시 새롭게 편성된다. 그러나 이러한 재편성이 이성적으로 순조롭게만 이루어지는 것은 아니다. 단지 경제적인, 금전적인 부족으로 인하여 타의적으로 바꾸어지는 자신의 삶의 정황, 문화에 대하여 많은 이들은 황당함과 혼란스러움과 비통함을 느끼게 된다.

이러한 삶의 정황의 변화는 가치관의 혼란을 동반한다. 가치관의 혼란은 고급문화, 대중문화를 망라한 문화 전반에 직접적인 영향을 준다.[3] 흔들리는 문화는 곧 가정의 흔들림으로 직결되고, 그 흔들림은 사회의 흔들림으로 직결된다. 오늘날 우리 사회의 위기 현상은

바로 이러한 흔들림의 사슬을 그대로 반영하고 있다. 일반인들로서
는 예상하지 못하였던 급작스런 경제 위기는 우리에게 '돈'의 필요와
중요성을 새삼 절감케 하였다. 그래서 '뭐니뭐니 해도 머니(money)'
라는 의식을 이전과는 다른 차원에서 다시 한 번 강하게 가지도록
유도하였다. 산업화와 더불어 더욱 강화되기 시작한 '돈'을 우리 가
치관의 중심에 놓는 분위기의 심화와 확산은, 그 돈을 중심으로 우
리의 개인적, 집단적 삶의 모습, 즉 문화를 변화시켜 왔다. 그러나 이
제 그 문화 양태를 가능케 하였던 '돈의 부족'은 나와 우리 가족이
즐기던 음식과 놀이와 여가 생활의 형태를 포함한 전반적인 삶의 양
태에 또 다른 변화를 요구하게 되었다. 예컨대 주체적인 선택에서
문화 생활을 즐겼던 것이 아니고 자신의 구매력에 따라(때로는 구매
력의 한계를 넘어서는 과소비를 무릅쓰면서까지) 광고의 유혹에 의
하여 피동적으로 문화를 선택하였던 이들은 문화 생활 자체의 공백
과 혼돈을 경험하게 되었다.

  어쨌든 '돈의 부족'은 우리의 삶을 더욱 현실 지향적으로 변화시키
고 있다. 오늘 먹고 살기도 힘든데, 내일을 위한 투자는 생각할 수도
없다는 분위기를 확산시키고 있다. 국가의 예산도 오늘 하루의 사회
경제적 안정을 위한 부분이 강조되고, 백년대계를 기약하는 교육 부
서의 예산은 엄청나게 삭감되었다. 이러한 분위기는 부부간에도 경

---

  3) 이때는 문화라는 말조차 사치스럽게 들릴 정도로 생존이 문제가 된다. 그러나
우리가 여기에서 말하는 문화는 하나님의 창조 이후에 인간의 손길이 가미된 삶의
조건과 제반 상황들을 포괄적으로 의미한다. 그러므로 생존에만 관심을 갖는 사람
도 그 나름대로 독특한 형태의 문화 안에 존재한다고 볼 수 있다. 예컨대 '실업자
문화', '실업 시대의 문화' 등이 가능하다.

제 문제로 인한 긴장을 유발시키고 있다. 이러한 부부간의 위기는 특별히 갑작스런 실업으로 가장이 흔들림으로써 더욱 고조되고 있다. 흔들리는 가장은 결국 자녀들에게 자신이 추구할 전형(role-model)을 앗아가 버리는 결과를 초래한다. 경제 위기로 인하여 흔들리는 가장은 흔들리는 배우자와 자녀를 산출하게 되고, 결국 사회의 기초 단위인 가정을 흔들고 있다.

결국 우리는 경제의 흔들림이 우리 사회의 기초 단위인 가정으로부터 사회 전반에 큰 영향을 가하고 있다는 사실을 확인하였다. 그러나 이러한 외부적 변화는 사람들의 의식과 가치관에 결정적 영향을 주는 사회 문화적 환경에 대한 타격에서 기초하였다는 것을 간과하여서는 안 될 것이다. 그러므로 우리는 경제와 문화를 매우 신중한 태도로 함께 논하여야 한다.

2) 오늘의 경제 흔들림이 건전한 문화 정착의 실패에서 비롯된 것이기 때문이다

(1) 무엇보다도 먼저 우리는 직업 문화의 미성숙으로 인한 전문성과 성실성의 부족을 경제 위기를 초래한 주요 원인으로 지적할 수 있다. 경제 위기는 외환 위기와 금융 위기로 대표된다. 외국에서 1,500억 달러가 넘는 돈을 빌려 왔고, 이제 갚을 때가 되었지만 갚을 돈이 없는 현실이 경제 위기의 외형적 실상이었다. 그렇다면 왜 우리는 이렇게 많은 돈을 빚내야 했을까?

전문가들의 분석에 의하면 기업과 정부와 금융기관이 오늘의 위기를 초래한 주역들이라고 한다. 먼저 기업들은 장기공급과잉 업종들인 자동차, 석유화학, 반도체 등의 사업에 중복 및 과잉 투자를 하였고, 전문성을 도외시한 문어발식 경영을, 그것도 단기차입을 위주로 차입의존 경영을 함으로써 귀중한 외자를 비효율적으로 사용하였다는 것이다. 정부는 문민정부 초기부터 세계화를 주창하여 왔지만 그에 걸맞는 고비용 저효율 구조에 대한 개혁 및 산업 전반에 대한 구조 조정을 선도하지 못하였다. 또한 고질적인 정경유착으로 인한 부실기업의 계속적인 지원은 금융기관의 부실화를 가속화시켰다는 비판을 모면할 수 없다.

정부의 전문성과 도덕성에 대하여서도 아쉬운 점이 많다. 경제 전문가들 사이에서도 여전히 논란이 되고 있는 부분이지만 OECD 가입이라는 조건하에 허용해야 했던 국제 금융자본에 대한 국내 자본 시장의 공개도 더욱 철저한 준비가 뒤따라야 했을 정책이었다. 정부의 정치적 업적을 높이기 위하여 경제적 전문성이 무시된 결과가 오늘날의 위기를 초래한 주요한 원인을 제공하였다고 볼 수 있다. 현실적인 환율인하 조치가 요구되었던 시기에 정부는 자신의 정치적 업적이 손상될까 봐 높은 환율을 그대로 유지하였던 것도 큰 과실이었다. 더욱이 금융 위기를 더욱 악화시켰던 무모한 환율방어 등을 비롯한 무책임한 경제 정책은 반국가적 범죄에 해당한다는 비난마저 받고 있다.

오늘의 경제 위기는 금융 위기라고까지 불린다는 의미에서 금융기관들도 철저한 반성이 필요한 주체들이다. 막대한 부실채권과 평가손과 환차손으로 경영 여건이 악화된 금융기관들은 한국 경제 신뢰도 추락을 선도하였다. 물론 정경유착으로 인한 관치금융의 현실이 금융기관들로서는 역부족이었다는 변명도 가능할 것이다. 그러나 결국 금융기관들도 그 왜곡된 현실 속에서 나름대로의 이득을 챙겨왔다는 점에서 책임을 모면할 여지는 없다. 사실 이 정도의 분석으로 오늘의 위기를 완전히 이해하기는 어렵다. 도대체 그 많은 돈을 누가 빌려 왔으며 빌려 온 그 많은 돈들은 지금 어디에 있는가를 우리는 아직 자세히 모르고 있기 때문이다.

정경유착의 뿌리가 되는 한국 정치계의 현실 풍토는 오늘의 위기를 초래한 핵심 원인 중 하나임이 분명하다. 아니 정치계의 부정직함과 비전문성이 오늘의 위기의 원죄라고도 볼 수 있을 것이다. 그렇다면 과연 우리 국민들에게는 책임이 없을까? 우리에게도 책임이 있다. 무엇보다도 먼저 우리는 현실을 모르고 살아온 우리의 무지를 반성하여야 한다. 지금에 와서 기업과 정부와 금융기관의 잘못들을 비판하지만 사실 우리는 대부분 나라가 부도에 처하기 직전까지도 경제 문제보다는 박찬호와 월드컵 축구경기 결과 및 점수에 더 큰 관심을 쏟아 왔다. 사람들은 하도 답답하니까 스포츠밖에 우리를 시원하게 하여 주는 것이 없다고들 하였다. 그러나 그것은 어떤 의미에서 국가의 주인 된 자들로서의 직무 유기였다. 주인들이 야구, 축구에 정신을 팔면서 집안 살림에 신경을 쓰지 않고 있는데 머슴들이 열심히 일하겠는가? 우리가 그렇게도 비난하는 정치인들과 정부는 우리가 선택한 결과라는 것을 잊지 말아야 한다. 정치인과 정부는 어떤 의미에서 국민의 머슴이다. 주인이 어리석을 때 머슴이 긴장감을 상실하고, 딴 마음을 가지면서 주인을 속이게까지 되는 것은 어찌 보면 당연한 일이다.

결국 오늘의 위기는 정부와 기업과 금융기관들과 우리 모두의 합작품이라고 볼 수 있다. 정부도 기업도 금융기관들도 나라의 주인

된 국민들도 나름대로의 책임을 다하지 못하였기에 오늘의 위기가 왔다. 전문성을 갖추지 못한 정부, 기업, 금융기관들은 전문성 부족으로 인한 예측 능력과 경쟁력의 상실로 정경유착 등을 통한 불공정 행위를 통하여 조장하는 도덕성의 상실을 가져왔다. 나라의 주인 된 우리도 이러한 세대의 풍습을 좇아 땀을 흘리지도 않고 소득을 얻으려는 '불한당(不汗黨)'4)들을 경계하지 못함으로써 국민의 도덕성을 일깨우지 못하였음은 자못 통탄할 일이다.

이 밖에도 꼭 지적하고 넘어가야 할 것은 이른바 국민 여론을 선도한다는 언론 방송의 무지와 무책임이다. 그들 역시도 전문성과 도덕적 탁월성을 상실한 상태였기에 경제 위기에 대한 충분한 예방과 경고 기능을 감당하지 못함으로써 오늘의 위기를 초래하는 데에 일조를 하였다고 볼 수 있다.

이제 우리 모두가, 국민으로서, 정치인으로서, 행정 관료로서, 금융인으로서, 기업인으로서 각각 담당하여야 할 일들을 전문성과 성실성으로 감당하지 못한 직업 문화의 일천함이 오늘의 경제 위기를 초래하였다는 것을 인정할 수 있을 것이다.

(2) 전문성과 성실성으로 대표되는 일반적인 직업 문화의 미성숙과 함께 우리는 공과 사의 혼동, 공동선(common good)에 대한 이해 부족 등으로 나타나는 노동 및 일터 문화와 기업 문화의 미성숙

---

4) 물론 우리는 후기 산업화 사회를 뜻하는 정보 사회에 걸맞도록 '불한당'의 의미를 재해석하여야 할 것이다. 예컨대 단지 육체적인 땀을 흘리지 않는다는 이유에서 냉방 장치가 된 장소에서 일하는 사람들을 보고 불한당이라고 할 수는 없을 것이다.

성도 지적할 수 있다. 나라 전체가 파산지경으로 치닫고 있는 가운데에서도 적지 않은 국민들이 정권 경쟁에 혈안이 되어 있는 정치인들의 농간에 의하여 망국적인 지역주의에 함몰되었다. 결국 이러한 지역적 소아주의는 사회 구성원 모두를 위한 공동선 모색을 가로막아 버리는 결과를 초래하고 말았다. "우리가 남이가"로 상징되는 망국적 지역주의는 모든 도덕적 문제마저 정치화시키고, 지역화시킴으로써 국민 모두가 공감할 수 있는 도덕적 기반을 붕괴시키고 있다. 이러한 풍토 속에서 '우리'로 미화된 극심한 개인적, 집단적 이기주의를 배경으로 하는 지역 패권주의가 이 나라의 미래를 앗아 가고 있음을 간과하여서는 안 된다. 이러한 풍토는 공과 사를 엄격히 구분할 수 있는 노동 문화, 일터 문화, 기업 문화와 일반 사회 문화의 조성을 통하여 극복되어야 할 것이다.

사회 공동선을 향한 노력의 부족과 그로 인한 공동선 성취의 실패는 노동자와 경영자들과의 관계에서도 발생하였다. 특별히 사회 전체의 공멸로 치달을 수도 있는 폭발성을 가지고 불신과 갈등으로 일관하고 있는 노사 관계는 건전한 기업 문화 정착의 실패에서 비롯되었다는 사실에 특별한 관심을 기울여야 할 것이다.

(3) 직업 문화와 기업 문화의 미성숙과 함께 우리는 소비주의와 포스트모더니즘의 연합 공세에 과소비로만 반응하였던 소비 문화의 미성숙성도 지적할 수 있다. 또한 쾌락성, 폭력성과 선정성 위주의 대중문화에 포괄적으로 오염되어 비건설적인 영역에 재화가 몰리고 있는 상황이 우리의 경제 현실을 황폐화시켜 놓고 있다는 사실도 잊지 말아야 할 것이다. 특별히 우리 나라의 다음 세대를 이어나갈 청

소년들에게 결정적 영향을 발휘하고 있는 대중문화에 대한 소비 문화의 미성숙성은 오늘의 위기만이 아닌 다가오는 새로운 천년마저 위협하는 문제임을 간과하여서는 안 될 것이다.

그러므로 우리 나라는 경제 위기 이전에 이미 심각한 문화적 위기 상태에 놓여 있었다. 이러한 의미에서 우리의 문화적 위기는 오늘날 경제 위기의 원인5)이 되었다고 볼 수 있다.

3. 흔들리는 경제를 바로 세우기 위한 문화적 과제

이른바 'IMF 체제'는 임박한 외환 위기와 금융 위기를 극복하기 위한 비상대책이었다. IMF가 선도한 이 비상대책은 '긴축'과 '대외 개방'과 '구조 조정'으로 요약될 수 있다. 이는 '긴축 정책'이 추진되어야 환율 안정과 경상수지 적자를 축소할 수 있기 때문이다. 또한 '대외 개방'을 하여야 외국 자본을 유치할 수 있으며, 나아가 '구조 조정'을 하여야 부실 금융기관들이 정리되며 기업 투명성이 제고되어 생산성과 수익성이 향상될 수 있기 때문이라는 이유에서였다.

그러나 '긴축 정책'이 동반한 통화 긴축은 금리 상승을, 소비세 등의 세율 인상은 내수 위축을 유발하여 기업 수익성을 악화시킴으로써 부도 기업들이 속출하였다. 또한 '대외 개방'으로 인한 기업 간의 인수합병과 부실 금융기관의 정리 등을 위하여 필수적인 정리해고

---

5) 이 글은 경제 위기의 극복을 통한 한국 사회와 문화의 갱신을 우선적인 목적으로 하였기에, 경제 위기의 외적 요인이라고 할 수 있는 세계화에 따른 국제 금융 자본의 광포성 등의 문제는 다루지 못하였다.

제의 도입으로 2백만 명에 달하는 실업 인구가 발생하였다. 이 숫자
가 기존의 실업자들과 합쳐진다면 노동 인구의 10%에 달하는 사람
들이 실업자가 된다는 것을 의미한다. 특별히 실업보험 등의 사회
안전망이 미비한 우리 사회로서는 이러한 높은 실업률은 사회 안정
에 치명적이다. 그나마 다행히 일자리를 유지하는 사람들도 심리적
불안감과 실제적인 수입의 감소 등으로 불안한 삶을 살아가게 되었
다. 물론 시간이 지남에 따라 경제 위기로 인하여 파생되었던 급박
한 사회적 위기는 상당 부분 극복되고 있다. 그러나 여전한 절대 빈
곤층의 존재와 '빈익빈 부익부'의 사회적 이분화 현상으로 대표되는
위기감과 불안감은 지속되고 있다. 이러한 사회 상황은 다음과 같은
문화적 과제를 우리에게 요구하고 있다.

1) 정치 문화적 과제

무엇보다도 경제 위기의 원인 분석에서 나타나고 있듯이 오늘의
위기의 밑바닥에는 잘못된 우리 나라의 정치 문화가 자리하고 있다.
기업들이 수익성이 매우 낮은 사업을 문어발식으로 확장하면서 외
자를 끌어다 쓴 것도 정치인들에게 제공하는 '떡값'과 깊은 관련이
있었다는 것은 이제 주지의 사실이다. 그러므로 정경유착, 권언유착
등으로 상징되는 잘못된 정치 문화의 극복을 위한 시민 감시 활동의
활성화가 요구된다. 특별히 정치라고 하면 세상의 영역에 속한 것이
므로 우리와는 상관없는 것이라고 생각하는 신앙인들의 사고가 바
꾸어져야 한다. '하나님의 나라가 임하옵시며'를 기도하는 사람들답
게 '왕 같은 제사장'으로서의 삶을 살아가는 우리가 되어야 한다. 이

러한 의미에서 기독 시민으로서의 정치 역량 배가가 우선적인 과제
로 부각된다. '기윤실'에서 주관하고 있는 '의회 발전을 위한 시민 봉
사단'이나 경실련이나 참여연대 등의 시민운동에 직간접으로 참여하
고 관심을 가짐으로써 우리는 이러한 정치 문화적 과제를 신앙인의
차원에서 수행할 수 있을 것이다.

2) 경제 문화적 과제

경제 위기의 원인 분석에서 적나라하게 나타나고 있듯이 오늘의
위기는 우리 모두의 책임이다. 우리 모두의 책임이라는 말은 결코
누구의 책임도 물을 수 없다는 양비론적 시각에서 나온 말이 아니다.
정부와 정치인과 기업인과 금융인과 언론인들에게 분명한 책임이
있음을 간과하여서는 안 된다. 특별히 이러한 위기를 초래한 원인을
제공하면서도 자신들은 정치적, 경제적 이득을 부당하게 얻은 사람
들에게는 법적 책임도 물어야 할 것이다. 그러나 도덕적인 책임이
더욱 많은 사람들에게 물어져야 한다. 나라의 주인인 국민들도 이러
한 도덕적 책임으로부터 예외가 될 수는 없다.

특별히 신앙인인 우리는 이러한 위기를 통하여 청지기로서의 전
문성, 성실성과 공동체적 정의를 담보하는 경제 문화 창출이 우리의
소명임을 깨닫고 그 부르심에 응답하여야 할 것이다. 정의로운 청지
기들이 경제 분야에서 두각을 나타나게 될 때, 우리 사회의 조세 문
화도 더욱 투명해질 수 있을 것이다. 그에 따라서 부의 정의로운 분
배를 통한 사회 복지의 확대가 이루어짐으로써 사회 안정도 이룩할
수 있을 것이다.

또한 우리의 일터, 즉 직장이 이웃 사랑과 하나님 사랑을 실천하는 나의 예배 처소라는 믿음 아래 실천적 신앙을 살아가는 우리가 되어야 할 것이다. 즉 신앙과 삶은 결코 별개의 것이 아니며, 모두가 하나님의 통치 영역이라는 하나님의 주권에 대한 확고한 믿음의 바탕 아래, 이 일을 통하여 하나님께 영광을 돌리겠다는 만인 제사장직으로서의 제사장적 삶을 우리는 살아가야 한다. 신앙인들이 직장을 포기하지 않을 때 건전한 직업 문화, 기업 문화가 꽃필 수 있기 때문이다.

또한 각자가 가진 달란트에 따라 다양한 직업에 적극적으로 참여하여 하나님의 나라를 이루어 나가는 하나님 나라 운동에 우리는 동참하여야 할 것이다. '은혜 받았기 때문에 신학교로 간다'는 사람보다는 '큰 은혜 받고 세상으로 나간다'는 사람들이 숫자적으로 훨씬 많아져야 한다.

3) 사회 문화적 과제

경제 위기로 인하여 가장 큰 타격을 받는 분야 중 하나는 가계 소비였다. 급격하게 감소한 수입은 우리 사회의 절대 빈곤층을 급속도로 증가시키는 결과를 초래하였다. 이로 인하여 인간으로서의 존엄성을 유지할 수 있는 기본적인 소비마저 제약받고 있다는 것은 참으로 가슴 아픈 일이다. 이러한 상황에서 경제 위기의 극복은 인간의 존엄성을 회복함에 있어서 하나의 주요한 전제조건이 된다.

그러나 현대 사회의 주요한 특징으로 등장하고 있는 소비 문화를 이 기회에 새롭게 이해하고, 반성하여 보는 것도 주요한 과제이다.

모든 사물을 상품화하고, 그 상품에 대한 구매와 소비를 삶의 의미로 바꾸어 버리는 퇴행적인 소비주의의 극복이 경제 위기의 극복과 함께 시행되어야 할 주요한 과제인 것이다. 이러한 과제 수행은 특별히 자기중심적인 만족과 쾌락을 넘어서서 하나님께서 창조하여 주신 세계의 보전과 이 세상에서 경쟁력을 잃어버린 작은 자를 생각하는 사회 문화의 고취로 구체화되어야 할 것이다.

이러한 사회 문화적 과제 수행은 근본적으로 인간 간의 수평적 정의 관계를 상징하는 계약(contract) 개념을 넘어설 것을 요구한다. 즉 하나님 중심적인 사회 정의를 담보할 수 있는 언약(covenant) 정신에 기초한 언약 공동체적 사회 개념의 창출이 뒷받침되어야 한다. 물론 언약과 계약 개념은 상호 배타적인 것만은 아니다. 진정한 계약개념이 성립되기 위하여서는 언약 개념이 전제되어야 한다. 예컨대 우리의 결혼서약은 계약이 아니라 언약 개념에 기초하였을 때, 그 서약의 준수와 실행이 가능하다. 계약이란 인간과 인간 사이의 조건적 약속이므로 그 조건이 만족되지 못하였을 때는 언제나 파기가 가능한 것이다. 그러나 사실 '건강할 때나 아플 때나, 기쁠 때나 슬플 때나 … 검은 머리 파뿌리 되도록 …'의 조건이 어떻게 수평적인 차원에서 만족될 수 있을 것인가? 이것은 오로지 위로부터의 사랑과 은혜를 전제하였을 때만이 가능한 것이다.

4) 대중 문화적 과제

우리는 오늘의 경제 위기의 한 원인으로 우리 나라의 한정된 재화가 건전하지 못한 분야에 투자되고 있으며, 머무르고 있다는 사실을 살펴본 바 있다. 이러한 의미에서 21세기 산업으로 각광받고 있는 대중문화 분야에 대한 각별한 관심이 요청된다. 많은 사람들, 특별히 젊은 세대들에게 결정적인 영향력을 미치고 있는 대중음악, 영상, 오락 분야에 대한 신앙인들의 관심과 참여가 매우 시급하게 요청된다. 문자 위주의 시대에서 이제는 영상 위주의 시대로 바뀌어 가고 있으며, 컴퓨터를 매개로 하는 정보화 사회가 성숙하여 가고 있는 이 시대의 흐름을 신앙인들은 분별할 수 있어야 한다. 물론 신앙인들의 과제는 단순한 시대 흐름의 분별에 있는 것이 아니다. "그 시대를 본받지 아니하고 마음을 새롭게 함으로 변화를 받아 하나님의 거룩하고, 온전하며 기뻐하시는 뜻을 분별할 수 있어야" 할 것이다. 이런 의미에서 오늘날 신앙인들은 대중문화의 쾌락성, 선정성, 폭력성 제어와 함께, 생명 존중과 이웃 사랑을 주제로 하는 대안 문화 창출이라는 벅찬 과제를 도전받고 있다.

4. 한국에 교회가 있음이 바로 이때를 위함이 아닌가!

경제적으로, 또한 심리적으로 불안한 마음들이 교회를 찾는다는 것은 당연한 일이다. 그런 의미에서 한국 교회는 적어도 숫자적으로는 제2의 도약기, 어찌 보면 20세기 마지막 성장의 기회를 맞이할 수도 있다. 그러나 대부분의 교회가 재정적인 면에서는 어려움을 겪고 있다. 경제 위기를 겪고 있는 기간 중 대부분의 국민들의 수입은 경제 위기 전에 비하여 평균 70~80% 이하로 감소하였다. 재정 수입의 60% 정도가 십일조인 한국 교회의 상황을 고려한다면 적어도 전체 수입의 15~20% 정도가 감소되었다고 예상할 수 있다. 이러한 상황 속에서 개교회와 신앙인들은 감소할 수입 예산을 고려한 비상 예산 계획안을 마련하여야 했다. 누구도 앞으로 전개될 상황을 정확히 예상할 수는 없으므로 매우 탄력적인 재정 계획을 수립하도록 힘써야 했다.

그러나 오히려 이보다 더욱 힘써야 할 것은 지금까지의 우리의 삶의 방식을 철저히 회개하고 새로운 출발을 모색하는 일이다. 무엇보다도 우리의 삶에 있어서 중요한 것은 물질이 아니라 신앙이라는 것을 분명히 하여야 한다. 지금까지 우리는 하나님의 나라를 물질로 확장하려는 유혹에 빠질 때가 많았다는 것도 반성하여야 할 것이다. 전도와 선교도 물질로 하는 것이 아니라 믿음으로 하는 것임을 분명히 하여야 한다.

불행 중 다행인 것은 이제 교회에서도 경제에 관한 관심이 커지고 있다는 사실이다. 사실 지금까지 우리 사회는 너무도 정치 중심적인 대화로 일관된 사회였다. 이제 정치에서 경제로 우리 대화의 관심과 내용이 전환되어 간다는 것은 막연한 상상에서 현실적인 대화로, 추상적인 상상에서 더욱 구체적인 삶의 실체를 직시하는 이성을 중심으로 한 대화가 중심됨으로써 우리를 탁상공론에서 해방시킴을 뜻한다. 물론 우리는 경제 제일주의에 빠져서 신앙적 도덕성을 상실하여서는 안 된다. 그러나 경제에 관한 신앙적 관점을 명확히 함으로써 더욱 적극적인 시장경제 체제 내에서의 기독교인으로서의 역할과 책임을 확립할 수 있도록 힘써야 할 것이다.

이러한 주장을 하는 이유는 단지 현실주의적으로 잘 적응할 수 있는 신앙인이 되자는 의도에서가 결코 아니다. 우리 한국 교회의 고질적인 단점인 성(聖)과 속(俗)에 대한 이분법적 사고를 퇴치할 수 있는 결정적 기회를 우리가 맞이하고 있기 때문이다. 그러므로 이 기회에 우리는 '거룩함의 세속화'(엡 4:22-5:2)를 이루어야 한다. 이 세상에서의 거룩함을 이루어 가는 신앙은 삶의 전 영역에서 하나님의 주권을 인정하는 삶으로 구체화됨으로써, 더욱 정직한 삶을 살게 하며 나아가 기독시민 의식을 강화하기 위한 시민운동 단체 및 활동으로 우리를 인도할 것이다. 또한 만인 제사장직에 근거한 전문성의 강화를 이루어야 한다. 나아가 청지기직에 입각한 포괄적 이웃 사랑을 삶 속에서 체득할 수 있는 한국 기독인들이 되어야 할 것이다. 만인 제사장으로서의 포괄적 이웃 사랑을 깨달은 사람은 소비 문화 속에서도 당당한 문화 소비자로서의 주체성을 갖추게 된다. 그러므로 자기 수입 중 이웃과의 나눔 부분을 확대하며, 소비주의에 매몰되지 아니하면서 합리적이며 환경 보호적 관점에서의 소비 생활을 하며, 건전한 산업 및 기독교 산업을 육성함에 자신의 재화를 소비하게 된다.

이러한 신앙적 각성과 결단과 함께 신학적인 면에서는 물질과 일(노동)에 대한 신학을 새롭게 정립하여야 한다. 지금은 일에 대한 의무보다는 권리가 더욱 심각하게 논의되어야 할 때이다. 또한 자유 시장경제 체제 내에서의 우리의 삶에 대한 근본적 구조 조정을 위한 기업윤리 문화의 정립을 위한 신학적 뒷받침도 요청된다.

작금에 한국 교회의 성장이 정체기를 맞은 주요한 원인 중 하나는 대 사회적 공신력의 추락에 있었다. 이러한 관점에서 본다면 지금은 한국 교회의 공신력을 회복할 수 있는 금세기 마지막 기회이다. 한국사회가 한국 교회의 헌신적 이웃 사랑과 창조적 문화 창출의 증언

자가 되어 '한국에 교회가 있음이 바로 이때를 위함이 아닌가'를 고백할 수 있다면 바로 그때 하나님께서는 우리에게 남북 통일과 세계 복음화라는 큰 사역을 맡겨 주실 것이라 믿는다.

경제 위기와 그리스도인의 일터 문화

이의용
교회문화연구소장

1. 기업이란 무엇인가?

'기업'이라는 말만큼 사람들에게 친숙한 단어도 없다. 우선은 자주 인용을 하기 때문이고, 많은 사람들이 생활 속에서 깊은 연관을 맺고 살아가기 때문이다. 그러나 막상 기업에 대해 정의를 내리기는 간단하지가 않다. 기업을 바라보는 시각에 따라 정의도 다양할 수밖에 없기 때문이다. 예를 들어 기업을 기업 내부의 문제만을 중심으로 볼 수도 있지만, 기업을 둘러싸고 있는 기업 환경과의 상호 작용을 전제로 기업을 이해할 수도 있는 것이다.

김원수는 그의 저서 『현대기업론』에서 기업에 대해 이렇게 설명하고 있다. "기업이란 기본적으로 사회가 필요로 하는 상품이나 서비스를 생산 공급하기 위해 창안된 제도적 장치로서, 명확한 목적을 가지고 이를 달성하기 위해 환경과의 상호 작용을 수행하는 조직적 혹은 협동적 행위 체계(organized or cooperative behavior system)이다."

기업은 환경으로부터 영향을 받는다. 기업은 환경으로부터 투입 요소를 받아들이고, 거기에 산출을 되돌려 보낸다. 즉 정보, 에너지 및 물자를 환경과 교환하는 것이다. 기업이 이러한 환경 체계와 환경에 적응하지 못하면, 그 체계는 변화되거나 혹은 파괴되기 쉽다.

따라서 기업은 물자, 에너지 및 정보와 같은 자원을 환경으로부터 받아들인다. 이렇게 투입된 자원은 내부 처리 과정을 거쳐 다른 형태의 것으로 변환된다. 여기에 기계나 컴퓨터, 인간의 노동 및 지적 능력 등이 이용된다. 그 결과 여러 형태의 산출이 환경에 공급된다. 환경이 기업의 산출을 사용해 줌으로써 기업 체계는 존속할 수 있는 것이다.

인간은 내부 처리 과정에서 기계와 컴퓨터 등을 이용한 노동과 지적 능력으로 '가치'를 창출하게 된다. 내부 처리 과정에서 인간의 역할은 결정적이라 하겠다. 크리스천 직장인이 이 내부 처리 과정에서 어떠한 역할을 할 것인가가 문제다.

2. 기업 문화, 조직 문화란 무엇인가?

문화에 대한 정의는 시각과 범위에 따라 다양하다. 서강대 강영안 교수는 문화에 대해 다음과 같이 설명한다. 과거에는 '문화'가 주로 정신 문화를 가리켰으나, 이제는 일상적인 것으로 그 영역이 넓어지고 있다.

문화의 생산자와 향유자도 과거에는 특정 계층에 제한될 수밖에 없었으나, 이제는 사람이 의식적으로 하는 일은 무엇이나 문화와 관련되어 있다고 볼 수 있다. 이제 모두가 문화를 함께 생산하고 함께 소비하며 함께 보존하고 함께 타락시키는 것이다. 문화를 만들고 소비하는 것은, 이제 특별한 재능을 가진 사람들의 몫이 아니라, 일상 세계에 살고 있는 모든 사람들의 몫이며 누구나 책임지고 참여해야 할 일이다.

종전에는 예술이나 문학 같은 것을 '문화'라고 했으나, 넓은 의미에서 사회나 조직의 구성원들이 공유하고 있는 가치관과 신념, 이념, 습관 같은 것을 '문화'(culture)라고 할 수 있다. 말하자면 문화는, 사회나 조직 구성원의 행동에 영향을 주는 '다듬어지고 의식화된 존재

양식과 행동 양식'으로 정의할 수 있다.

.영어로, '문화'(culture)라는 말은 '자연'(nature)이라는 말과 대응된다. '자연'을 있는 그대로 놓여 있는 것이라면, '문화'는 사람의 의식으로 다듬어 놓은 세계라고 할 수 있다. 자연 그대로의 벌판을 '자연'이라면, 사람이 일구어 놓은 밭은 '문화'라고 할 수 있다. 잡초가 우거져 있는 자연 그대로의 벌판이 다듬어져 밭으로 바뀌면, 거기에 심어져 있던 잡초도 농작물로 변하는 것이다. 문화란 이와 같이 다듬어진 것, 의식화한 것, 가꾸어진 것을 의미한다. 민족이나 나라는 그들 고유의 경험과 의식을 바탕으로 '밭'을 일구고 '곡식'을 경작하고 있다. 그것을 사회 문화라고 할 수 있다.

기업도 마찬가지이다. 작은 사회인 기업에도 의식화되고 다듬어진 존재 양식 또는 행동 양식이 있기 마련이다. 그것을 '기업 문화'(corporate culture), 또는 '조직 문화'(organizational culture)라고 한다.

즉 기업 문화나 조직 문화란, 한 조직 내의 구성원들이 모두 공유하고 있는 가치관, 신념, 이념과 관습, 규범과 전통, 그리고 지식과 기술 등을 포함한 종합적인 개념으로서 조직 구성원과 조직체 전체의 행동에 영향을 주는 기본 요소라고 할 수 있다. 기업 문화나 조직 문화란, 한 기업체의 사람들이 함께 나누는 가치관이며, 일하는 스타일이고, 사물을 보는 시각이다. 동시에 그 조직원들의 공동체 의식이고 언어며 상징이라 할 수 있다.

이것은 기업이 하나의 인격체로서 갖는 개성과 풍토이기도 하다. 기업의 그러한 개성과 풍토는 그때 그때의 상황에 따라 별 의미 없이 덜 다듬어진 원시적인 분위기에 불과한 경우가 많다.

그런데 잘 다듬어진 기업 문화를 지닌 기업이 곧 우량 기업이라는 연구 결과가 1982년에 발표되면서, 기업 문화에 대한 관심이 높아지고 있다. 피터스(Thomas Peters)와 워터맨(Robert Waterman)이라는 미국의 두 컨설턴트는, 20년 동안 성장률과 수익성이 가장 높고 기술 혁신의 성과가 가장 좋은 미국 기업 43개를 조사하여 그 특징을 『인 서치 오브 엑셀런스』(In Search of Excellence)라는 책에 발표했다. 이 책에 따르면 가장 많이 팔고, 가장 돈벌이를 잘 하는 기업에는 좋은 제도, 좋은 조직, 훌륭한 전략 외에도 사람들의 남다른 정신 자세와 행동 양식이 있다는 것이다. 즉 훌륭한 기업 문화를 가지고 있다는 것이다.

3. 조직 문화의 일곱 가지 요소

이러한 조직 문화는 구성원들이 외부 환경에 대해서 어떤 감각을 가지며, 어떤 행동을 취해야 하는지를 구체적으로 제시해 준다. 그러니까 조직 문화는 조직 구성원들이 공통적으로 생각하는 방법, 느끼는 방향, 행동하는 패턴의 체계를 말한다.

조직 문화의 구성 요소에 대해 파스칼(Pascale)과 아토스(Athos), 피터스(Peters)와 워터맨(Waterman)은 다음과 같은 일곱 가지를 들고 있다.

첫째는 공유 가치(Shared Value). 조직 문화의 첫째 요소는 조직 구성원 모두가 공동으로 소유하고 있는 가치관과 이념, 그리고 전통 가치와 조직의 기본 목적 등 공유 가치이다. 조직 문화 형성에 가장 중요한 영향을 미치는 요소다. 유태인의 자녀 교육은 그 목표와 가치관이 명확하다. 그러나 우리의 경우 그것이 명확하지 않다. 유태인의 명확한 가치관은 위기의 순간마다 발휘되어 유태인들로 하여금 작으면서도 세계를 움직이게 한다.

둘째는 전략(Strategy). 조직체의 장기 방향과 기본 성격을 결정하는 경영 전략이다. 조직체의 장기적인 목적과 계획, 그리고 이를 달성하기 위한 장기적인 자원 배분의 패턴을 포함한다. 조직의 전략은, 조직의 이념과 목적, 그리고 기본 가치를 중심으로 이를 달성하기 위한 조직체 운영에 장기적인 방향을 제공함으로써 다른 요소에 많은 영향을 준다.

셋째는 구조(Structure). 조직체의 전략을 수행하는 데 필요한 틀로서, 조직 구조와 직무 설계, 그리고 권한 관계와 방침 등 구성원들의 역할과 그들 간의 상호 관계를 지배하는 공식 요소들을 포함한다. 구조는 구성원들의 일상 업무 수행과 행동에 많은 영향을 준다.

넷째는 관리 시스템(System). 관리 시스템은 조직체 경영의 의사 결정과 일상 운영에 틀이 되는 경영 전반의 관리 제도와 절차를 말한다.

다섯째는 구성원(Staff). 조직 문화는 조직 구성원들의 행동을 통하여 실제로 나타난다. 구성원은 조직체의 인력 구성과 구성원들의 능력, 전문성, 가치관과 신념, 욕구와 동기, 지각과 태도, 그리고 그들의 행동 패턴 등을 의미한다. 구성원들의 가치관과 행동은 조직이 의도하는 기본 가치에 의하여 많은 영향을 받고 있고, 인력 구성과 전문성은 기업체가 추구하는 경영 전략에 의하여 지배되는 것이 사실이다.

여섯째는 기술(Skill). 조직 구성원들이 이용하고 있는 하드웨어와 소프트웨어는 물론이고 구성원들에 대한 동기 부여와 행동 강화, 갈등 관리와 변화 관리, 목표 관리와 예산 관리 등 조직체 경영에 적용되는 관리 기술과 기법도 포함된다.

일곱째는 리더십 스타일(Style). 이는 조직 구성원들을 이끌어 가는 전반적인 조직 관리 스타일로서, 구성원들의 행동 조성은 물론 그들 간의 상호 관계와 조직 분위기에 직접적인 영향을 주는 중요 요소다. 조직의 분위기는 일상적인 리더십 스타일의 영향을 많이 받는다.

이상의 일곱 가지 요소들은 밀접하게 상호 연결되고 상호 의존적인 관계하에서, 전체적으로 독특한 문화를 형성한다. 이들 요소 간의 상호 연결성과 상호 의존성이 높을수록 강하고 뚜렷한 기업 문화가 형성되고, 그렇지 못할수록 약하고 애매하며 일관성이 없는 조직 문화가 형성된다. 바람직한 조직 문화는 이들 요소 하나하나를 바람직한 방향으로 개발해 나감으로써 형성될 수 있는 것이다.

4. 일터의 문화 실태

그러면 우리 일터의 문화는 현실적으로 어떠한가?

김일곤 교수는 『기업 문화 백서』에서 한국 기업 조직 문화의 단점을 다음과 같이 지적하고 있다. 첫째, 지연·학연·혈연의 중시로 능력보다 정실을 추구하는 풍토가 널리 퍼져 있다. 둘째, 가부장적 권위에 의한 관료주의로 사회 전체의 코스트 상승을 초래한다. 셋째, 기업 단위의 폐쇄성, 배타주의로 오히려 사회 공동체 의식을 저해한다.

또 경영 내부적 측면에서 한국 기업 조직 문화의 단점을 이렇게 지적한다. 첫째, 창의적이고 유능한 인재의 유입과 성장을 저해하는 경향이 있다. 둘째, 비공식적인 인간 관계를 중시하여 기업 내에 파벌을 형성하고 합리적 경영을 저해한다. 셋째, 권위주의와 상명하복으로 다양한 의견 수렴이 불가능하다. 넷째, 집단 중심의 업무 수행으로 개인별 권한과 책임이 오히려 불명확해질 수 있으며 이로 인해 기업의 환경 변화에 대한 대응 능력이 결여될 수 있다.

그는 이러한 단점을 극복하기 위해 다음과 같은 점을 제안하고 있다. 첫째, 가부장적 권위주의를 지양하고 의사 결정의 상의하달을 하의상달과 균형되도록 해야 한다. 둘째, 중요 관리직의 혈연에 의한 독점을 지양하고 가능한 한 유능한 인재를 양성하여 사내에서 기용해야 한다. 셋째, 소유와 경영을 분리하여 전 종업원이 한 가족으로서 참여하도록 하고, 기업 공개를 통하여 소유의 국민화와 국민의 지지를 받도록 해야 한다. 넷째, 기업 내부에서의 인간 차별이나 서열 의식을 지양하고 상하가 일체감을 조성하도록 해야 한다.

앞서 기업에 대한 정의에서 "기업이란 기본적으로 사회가 필요로 하는 상품이나 서비스를 생산 공급하기 위해 창안된 제도적 장치로서, 명확한 목적을 가지고 이를 달성하기 위해 환경과의 상호 작용을 수행하는 조직적 혹은 협동적 행위 체계"라고 설명한 바 있다.

기업이 환경과의 상호 작용을 수행할 수밖에 없다는 면에서 기업에 대해 사회 구성원들이 비판적인 태도를 갖는다는 사실은 매우 중요한 의미를 갖는다. 신유근 교수는『기업과 사회』에서 '기업에 대한 사회 구성원들의 비판적 태도가 증가한 이유'를 이렇게 분석하고 있다. 첫째, 오늘날의 기업이 자신의 활동 영역이 넓어진 만큼 증가한 사회적 책임을 제대로 수행하지 못하고 있다. 둘째, 기업들이 많은 사회적 문제점들을 그대로 방관하고 있다. 셋째, 다원주의적 가치관의 성립으로 인하여 사회 구성원들의 사회적 기대가 상승하였다.

5. 일터의 문화적 특성

다음은 필자가 일터의 문화적 특성을 정리해 본 것이다. 다음과 같은 문화 속에서 크리스천 직장인들은 어떻게 문화를 변혁시켜 나갈 수 있을 것인가를 생각해 보자.

1) 일터의 문화는 이중성을 갖고 있다

기업의 이미지를 말할 때 흔히 양의 탈을 쓴 늑대, 늑대의 탈을 쓴 늑대, 양의 탈을 쓴 양을 말한다. 그 중에서 가장 이상적인 유형은 물론 '양의 탈을 쓴 양'이겠지만, 현실은 그렇지 않다. 기업의 모습은 '양의 탈을 쓴 늑대'일 수밖에 없다.

기업이 '늑대의 탈을 쓴 늑대'의 모습을 그대로 내보일 때 위기를 맞게 된다. 그래서 기업은 언제나 '양의 탈을 쓴 양'이나 '양의 탈을 쓴 늑대'를 지향하게 된다. 실제로 광고나 홍보, 마케팅 등에는 이러한 '위선의 문화 요소'가 곳곳에 스며들어 있고, 그러한 업무는 광고나 홍보, 마케팅, 인사, 회계, 자금, 영업 부문에서 일하는 이들의 몫이 된다.

정직하고 진실한 크리스천들이 이러한 조직 문화를 피해 일할 영
역이란 별로 없다는 것이 문제다.

2) 일터의 문화는 실적과 결과를 중시한다

기업의 목적은 일차적으로는 적은 투입으로 최대의 산출을 이루
는 데 있다. 따라서 효율성과 생산성이 매우 중요시된다.

기업은 학교가 아니다. 따라서 과정보다는 결과와 실적을 중시한
다. 결과와 실적은 이윤의 추구에 가장 직결되는 문제이다. 실적과
결과에 못지않게 과정도 중시하는 일터는 찾아보기가 쉽지 않다. '과
정'을 챙길 만큼 기업의 환경이 여유가 있지 않은 것이다. 따라서 좋
은 결과와 실적을 위해서는 편법과 경쟁의 문화 요소가 너무도 자연
스럽게 곳곳에 스며들 수밖에 없다.

아무리 신앙이 좋은 크리스천이라도 실적과 결과 위주의 평가 기
준에서 벗어나기는 어렵다는 것이 문제다.

3) 일터의 문화는 경쟁적이며 투쟁적이고 폭력적이다

실적과 결과를 중시하다 보니 모든 분야에서 경쟁적이고 투쟁적
이다. 싸워서 이기는 쪽만이 살아남는 적자 생존의 경쟁 논리가 모
든 분야에 적용된다. 개인의 생존과 성장, 조직의 생존을 결정짓는
것은 경쟁에서의 '승리'뿐이다.

이 과정에서 힘으로 밀어붙이는 폭력의 문화 요소가 생겨날 수 있
다. 소위 '파워게임'의 현상은 담당자나 부서간, 상하간은 물론이고

경쟁업체 간이나 노사간의 관계에서도 자연스럽게 나타나고 있다. 그래서 권력 지향의 문화가 생겨날 수밖에 없다.

이러한 살벌한 문화 속에서 크리스천이 뒷짐만 지고 구경할 수만은 없는 노릇이다.

4) 일터의 문화는 일방적이고 폐쇄적이다

기업은 근본적으로 상명하복의 문화를 갖고 있다. 이에 대응하거나 반대를 한다는 것은 기업에서의 생존을 포기하는 것을 의미한다. 기업은 성격상 다수결이 결정하고 집권자가 국민을 섬기는 민주적인 조직이 될 수 없다.

의사 결정이 적절한 절차를 거치기보다는 일방적으로, 수직적으로, 비공개적으로, 비합리적으로 이뤄지는 것이 보통이다. 따라서 합리적 사고나 창의적 사고가 뿌리를 내리기는 어렵다. 이러한 문화 속에서 기업 내 인력은 경영의 수단화나 도구화가 되기 쉽다.

5) 일터의 문화는 수직적이며 계급주의적이다

기업의 문화는 계급적이며 수직적이다. 나이 등 개인의 특성은 무시되고 계급에 따라 상하의 관계가 이뤄진다. 그리고 모든 커뮤니케이션이 위에서 아래로 흐른다. 여기에 권위주의 문화가 싹틀 수 있으며, 권력자의 주관이나 사적인 요소가 개입되어 업무의 공정성, 효율성을 해칠 여지가 많다. 실제로 잘못된 리더십으로 인한 폐해나, 권력자의 각종 불공정한 청탁으로 인한 비효율적인 문제가 자주 발생하고 있다. 그래서 권력 지향의 예스맨(yes man)이 생길 수 있다.

불합리한 권력 앞에서 크리스천이 취할 수 있는 태도는 사표를 쓰거나 명령에 복종하는 길밖에 무엇이 있겠는가?

6) 일터의 문화는 기업 오너의 문화다

일터는 오너(owner)의 소왕국(小王國)이다. 일터의 문화는 기업 소유주의 영향권을 벗어나기 어렵다. 사기업의 모든 경영 문화는 오너의 경영 철학, 종교, 개인적인 성향의 지배를 받게 된다. 사실 이러한 부분이 우리 나라 기업의 고질적인 문제점으로 지적되어 왔지만, 빠른 시간 내에 시정되기는 어려울 것이다.

소유와 경영이 명쾌하게 분리되지 않은 한국적 현실에서, 모든 의사 결정이 사실상 오너의 결단에 좌우되는 것이 현실이다. 오너의 명령이나 지시는 기업 조직 내에서는 공적인 면과 사적인 면을 초월하여 절대성을 갖는 것이 현실이다.

기독교적인 조직 문화를 이루려면 자신이 오너가 되는 수밖에 없을 것이다.

7) 일터의 문화는 개인의 윤리를 초월한다

기업의 궁극적인 목표는 이윤 창출과 생존에 있다. 기업 조직은 궁극적인 목표 달성을 위해 수단과 방법을 가리지 않는 문화적 특성을 전통적으로 갖고 있다. 기업 내 임직원들이란, 결국 기업의 궁극적인 목표 달성을 위해 필요한 것이다.

이러한 기업 조직에 몸을 담고 있는 상황에서 개인의 윤리가 보호 받기는 어렵다. 기업을 둘러싸고 있는 관청이나 거래처 등의 부패되고 오염된 세속 문화 속에서 개인의 윤리나 소신은 허약하기 짝이 없는 것이다.

비윤리적인 구조 속에서 크리스천들이 할 수 있는 일에는 한계가 있을 수밖에 없다.

8) 일터의 문화는 집단주의를 지향한다

기업 조직에서 일하는 사람들에게 있어 조직 내 구성원들과의 관계는 매우 중요하다. 조직 내 구성원 간의 관계는 그것이 비선택적이라는 특수성이 있다. 내 생각과 관계없이 이미 짜여진 팀원들과 경기를 해야 하는 어려움이 있다.

따라서 구성원 간의 갈등은 필연적일 수밖에 없으며, 이러한 갈등의 여부는 구성원들의 개인 생활에 커다란 영향을 미칠 수밖에 없다. 특히 상사와의 갈등은 개인적으로 피할 수 없는 고통이 될 수 있다.

또한 집단 내 다른 구성원들과의 관계에서의 소외 문제도 개인들에게는 굴레가 될 수도 있다. 특히 우리 나라 같은 집단주의 문화 속에서 개인의 이질적인 행동은 보이지 않는 통제를 받을 수밖에 없는 것이 현실이다.

9) 일터의 문화는 술 중심이다

우리 나라 기업 조직의 구성원들은 대부분 술을 인간 관계의 매개

로 삼고 있다. 구성원 간의 교제나 비즈니스가 대부분 술자리에서
이뤄지는 것이 현실이다. 게다가 우리의 접대 문화나 회식 문화는
'예외'를 인정해 주지 않는 문화적 강제성을 지니고 있다. 특히 야행
성 술 문화, 폭탄주 등 잘못된 술 문화, 실수에 관대한 술 문화는 거
기에 익숙하지 않은 직장인들, 특히 크리스천 직장인들에게 적지 않
은 부담이 되고 있는 것이 현실이다.

　　교회가 이 문제에 대해 여전히 경직된 태도와 입장을 지키고 있는
한, 이 문제로 신앙 생활을 중단하는 이들이 적지 않을 것이며, 직장
문화 속에서 크리스천 직장인들의 영역이나 영향력은 계속 위축될
수밖에 없을 것이다.

　　그 밖에도 혈연, 지연, 학연 등에 의한 공정하지 못한 인사 관리,
세대차로 인한 조직 커뮤니케이션의 어려움, 인간의 도구화, 관료주
의적 경영으로 인한 비효율성, 취약한 재무 구조, 정경유착과 로비
문화 등 부정적인 조직 문화 현상이 적지 않다.

6. 일터 문화에 대한 인식의 전환

　　앞에서 살펴본 대로 일터의 문화는 물론 긍정적인 면도 있겠지만,
적어도 기독교적 세계관으로 볼 때 상당한 문제점을 안고 있는 것이
사실이다. 일터란 겉에서 보기보다는 훨씬 심각하게 부패되고 오염
된 문화 집단이다.

　　일터는 다른 사람들이 아닌 우리 크리스천 직장인들이 살아가는

환경이며 삶의 터전이다. 이 거대한 문화 속에서 사는 직장인들의 삶이란, 오염된 물 속의 붕어처럼 무기력할 수밖에 없다. 그리고 그러한 것이 현실이기도 하다.

그러나 성경은, 크리스천이 무기력해서는 안 되며, 오히려 환경을 변화시켜 주는 적극적인 역할을 해야 함을 가르치고 있다. 마태복음 5장의 "너희는 세상의 소금이니…, 너희는 세상의 빛이라…"는 말씀은 그리스도인의 적극적인 사명과 함께, 그 사명을 발휘할 무대가 이 세상임을 가르치고 있다. 크리스천 직장인들에게는 일터의 문화를 변혁시켜야 할 사명이 있는 것이다.

그러자면 크리스천 직장인들부터 직장을 신앙 생활의 무대로 인식해야 한다. 이 세상은 우리가 두 발을 디디고 살아가는 무대이다. 이 무대는 하나님께서도 사랑하신다고 말씀하셨다(요 3:16).

그러므로 그리스도인들은 세상을 사랑해야 한다. 직장에서의 자리를 하나님께서 주신 성스러운 직분으로 인식하고, 직장에서 맡겨진 일을 성스러운 일로 생각하고 임해야 한다. 목사직이 성직이라면 직장에서의 직책도 성직이다. 목사가 성직을 수행하듯 회사의 일을 정성껏, 정직하게 처리하고 직장의 이웃들을 섬겨야 이 사회가 아름답게 발전할 것이다.

신앙 생활은 교회에서의 삶만을 의미하지 않는다. 우리 자신의 삶이 관련된 모든 부분에서 하나님의 백성으로서, 하나님의 자녀로서 사는 것이 신앙 생활일 것이다. 자동차들의 무대가 주유소가 아니라 도로이듯이, 그리스도인의 삶의 무대도 교회를 포함한 세속 사회 전체라는 인식의 전환이 필요하다.

그렇게 될 때 우리가 사는 이 세속 사회가 하나님이 통치하시는 나라가 될 것이다. 이것이 복음화의 궁극적 목적이 아닐까?

그러나 신앙 생활을 하면서 안타깝게 느껴지는 것은 교회 바깥 세상에 대한 교회의 시각이다. 교회 안은 성스럽고 교회 바깥은 속되다든지, 교회 일은 최우선적으로 중요하고 세상일은 가치가 없다든지 하는 이분법적 사고의 수용이 대단히 어렵다. 목사직은 성직이고 직장의 자리는 무가치한 일이라는 인상을 받게 될 때마다, 직장에서 일하는 사람들은 맥이 빠진다. 무의미한 일, 무가치한 일을 하기 위해 일주일에 6일씩이나 직장엘 나가야 하니까. 그래서 어떤 이들은 아예 기독교인이 운영하는 기업에 입사를 하지만 그것이 해결 방안이 될 수는 없을 것이다.

7. 일터의 문화 바로 세우기와 크리스천 직장인

대개의 경우 일터의 문화는 크리스천 직장인들이 살아가기에 적합하지가 않다. 일터의 문화를 하나님의 진리가 통치하는 새로운 문화권으로 변혁시키는 것이 크리스천들의 사명이다. 그러자면 크리스천 직장인들은 조직 문화를 변혁시키는 '변화 담당자'(change agent)가 되어야 한다. 조직 문화의 요소에 영향을 미칠 수 있어야 한다. 크리스천이 조직의 문화를 좌우할 수 있어야 한다. 한마디로 '영향력' 있는 직장인이 되어야 한다.

조직에 영향력을 끼치는 '변화 담당자'가 되려면, '능력'과 '태도'를 겸비해야 한다. '태도'란 크리스천으로서의 정체성(identity)이고, '능력'이란 탁월한 직무 능력을 의미한다.

우리 크리스천 직장인들이 직장 문화를 바꾸지 못하는 것은 정체성과 직무 능력을 겸비하고 있지 못하기 때문이다. 정체성은 있는데 무능하다든지, 능력은 있는데 정체성이 없기 때문에 직장의 문화에 영향을 미치지 못하는 것이다. 겨우 술을 마시지 않는 정도의 정체성으로는 크리스천 직장인이 조직에 그다지 영향을 줄 수가 없다.

크리스천 직장인들은 기업의 고용 조건을 충족시켜 줄 수 있는 능력을 겸비하고 있어야 한다. 다른 동료들을 압도할 수 있는 당당한 프로 의식과 전문성과 실력을 지니고 있어야 한다. 그러자면 평소의 부단한 자기 계발과 달란트 관리가 필요하다. 조직에 꼭 필요한 능력과 리더십을 인정받을 때에, 비로소 조직의 문화를 변혁시킬 수 있는 기반을 갖추게 되는 것이다. 적어도 해당 분야에서 손꼽을 수 있는 능력 있는 인재로 인정을 받을 수 있어야 한다. 말하자면 조직 내에서 당당히 성장해야 한다.

그러나 아무리 훌륭한 능력을 갖춘 크리스천이라도, 기독교적인 정체성을 갖고 있지 못하다면 조직을 변혁시킬 수는 없다. 사람의 진정한 영향력은 능력과 태도의 결합이다.

크리스천 직장인은 기독교적 가치관과 인격으로 철저히 무장되어야 하며, 남다른 소명 의식(calling vocation)이 있어야 한다. 특히 자신의 직업과 직무를 성직으로 인식하는 직업관이 필요하다. 언제나 하나님과 직장 동료들과 정상적인 관계(relations)를 유지하고 있어야 한다.

그리고 현실을 도피하거나 현실과 타협하지 않는 균형적인 신앙관을 지켜 나가야 한다. 무엇보다 직장에서 바른 일을 바르게 처리하려는 색깔 있는 정체성을 지켜 나가야 할 것이다. 예를 들면 공정성과 진실성 같은 것이다.

'기독교 직장사역 연구소' 방선기 소장은 "모든 직장인들이 자기 일터를 소명의 장으로 알고, 하나님이 원하시는 거룩한 복음 전파의 책임을 성실히 감당하는 책임적인 존재가 되어야 한다"고 말한다. 그는 또 "모든 성도들은 사역자로 부르심을 받았으며, 따라서 목회자가 아닌 성도들도 사역자가 되어야 한다. 그러나 평신도 사역자는 목회자와는 역할이나 사역의 영역이 다르기 때문에, 교회 안에서는 목회자를 도와서 동역하고 세상 속에서는 목회자의 도움을 받아 사역해야 한다"며 크리스천 직장인들의 사역의 중요성에 대해 설명하고 있다.

8. 일터의 문화 바로 세우기와 교회

일터는 이 세상에서 가장 오염되고 부패된 '땅 끝'이다. 이러한 일터의 문화를 변혁시키는 일은, 크리스천 직장인 개인만의 문제일 수가 없다. 불합리한 일터의 문화를 합리적으로 변혁하고, 부패된 일터의 문화를 정화시키는 일은 교회가 할 가장 중요한 일이다.

한국은 남성 중심의 사회다. 그러므로 직장인들에 대한 관심은 한국 사회와 가정을 변혁시킬 수 있는 시작이 된다. 교회가 여성 교인들에게 쏟는 관심만큼만이라도 남성 직장인 교인들에게 관심을 쏟아야 한다. 적어도 교회 재정의 기초를 창출하는 직장인들을 소홀히 해서는 안 될 것이다.

교회는 일터에서 일하는 크리스천 성도들의 신앙 보호를 위해서,

아직은 오지인 '땅 끝'의 선교를 위해서, 그리고 건전한 사회 문화 창조를 위해서 일터의 변혁 사업에 책임 의식을 가져야 할 것이다. 오염된 직장의 문화를 성화(聖化)해야 할 책임이 교회에 있는 것이다.

교회의 관심사가 온통 성도들의 교회 생활에만 초점이 맞춰져 있다는 것—이것이 우리 크리스천 직장인들이 교회를 벗어나 일터 속에서 무기력할 수밖에 없게 만든다. 목회자들이, 성도들이 살아가는 삶의 전반에 대해 잘 알지 못한 채, 일요일과 교회 생활이라는 틀에 갇힌 채 추상적인 메시지밖에 주지 못하고 있다는 것—이것이 많은 크리스천을 '선데이 크리스천'으로 만들고 있다.

이래저래 크리스천 직장인들은 이중적인 처세를 하거나 크리스천임을 밝히지 못한 채 무기력하게 일터의 문화 속에서 잠수해 있는 것이다. 그런 가운데 일터의 문화는 점점 더 오염되어 가고, 크리스천들은 정체성을 지키기가 더 어려운 상황이 되고 있다.

오늘날 일터가 이처럼 오염되어 크리스천 직장인들이 신앙 생활을 하기가 어려운 환경을 갖게 된 것은, 직장 문화에 대한 교회와 크리스천 직장인들의 무관심 때문일 수도 있다. 교회들은 직장인들에 대해 관심을 가져야 한다.

영락교회 등 도시의 여러 교회들이 평일 점심시간에 교회를 개방하여 직장인들을 위한 예배를 개설하는 것은 직장 문화를 변혁하고 직장인들을 선교하는 좋은 접근이라고 생각한다. 직장인들이야말로 선교의 차원에서는 황금 어장이다. 교회는 '내 교회, 내 교인'만 챙기려는 이기주의를 버려야 한다.

교회가 인근 직장 신우회를 지원하는 것도 좋은 방법이다. 아직 신우회를 조직하지 못한 직장에 신우회 창립을 돕거나, 집회 인도자가 없는 신우회에 교역자를 파견하는 일도 필요하다. 경제적으로 자립하지 못한 신우회가 사례비 문제로 인근 교회 교역자를 신우회 모임에 초빙하는 데 부담을 갖는다는 현실은 정말 서글픈 일이다. 인근의 교회가 발벗고 나서 직장 신우회의 이런 불필요한 고민들을 해결해 주어야 한다.

대부분의 신우회 활동이 교회에서와 같이 예배 의식을 진행하는 데 그치고 있음은 안타까운 일이다. 신학대학은 직장 신우회가 크리스천들끼리만이 아니라, 비신자들도 초청하여 시도해 볼 수 있는 다양한 프로그램을 개발하여 제공해야 할 것이다.

교회가 주일 오후 예배를 직장인 예배로 특화시키고, 선교회를 나이가 아닌 직종 등을 기준으로 구성해 보면, 직장인들에게 신앙을 보다 중점적으로 지도할 수도 있을 것이다.

얼마 전 지하철 노조와 한국통신의 파업이 있었다. 지하철 노조의 파업은 국민들의 일상 생활에도 엄청난 영향을 끼쳤다. 파업에 불참한 노조원과 투쟁에 참여한 노조원 사이의 갈등은 사람들의 마음을 더욱 아프게 했다.

지하철공사의 신우회나 크리스천 직장인들은 이러한 상황에서 어떻게 처신을 해야 하는가? 우리는 이 사건에서 크리스천 직장인으로서 무기력함과 한계를 느끼게 된다. 한국의 모든 크리스천 직장인들이, 이와 비슷한 상황에서 비슷한 무기력함과 한계를 느끼고 있다면, 교회가 이러한 문제에 계속 침묵한다면 일터의 문화 변혁은 참으로 요원한 일이 아닐 수 없다. 그렇게 된다면 크리스천 직장인들은 교회로부터 '버림을 받은 자식'이 될 수밖에 없다.

9. 마무리

이 글을 쓰는 시기에 농협과 축협의 대규모 비리 사건 전모가 밝혀졌다. 이 사건은 크리스천 직장인들에게, 오염되고 부패한 조직 문화 속에서 크리스천들이 얼마나 무기력한 존재이며, 크리스천 직장인들이 일하는 조직 문화의 힘이 얼마나 막강한가를 실감나게 보여 주었다. 이 사건은 크리스천 개개인과 교회가 기업 조직 문화 변혁에 더 이상 무관심해하거나 침묵할 수가 없음을 보여 주었다.

조직 문화는 경영의 모든 분야에 영향을 주기 마련이다. 앞에서 설명한 조직 문화의 일곱 가지 요소들을 하나씩 바꿔 나가야 조직 문화가 바뀐다. 크리스천 직장인은 이 모든 분야에서 '영향력'을 발휘하지 않으면 안 된다.

김원수는 그의 저서 『현대기업론』에서 기업의 사회적 책임을 다음과 같이 네 가지로 설명하고 있다. 기업이 마땅히 해야 할 일을 수행해야만 하는 책임, 기업이 마땅히 해야 할 일을 하지 않았기 때문에 생기는 책임, 기업이 해서는 안 되는 일을 하지 않아야만 하는 책임, 기업이 해서는 안 되는 일을 하였기 때문에 지게 되는 책임이 그것이다.

크리스천 직장인들과 교회에도 이러한 책임이 있다고 볼 수 있다. 크리스천이나 교회가 마땅히 해야 할 일을 수행해야만 하는 책임, 크리스천이나 교회가 마땅히 해야 할 일을 하지 않았기 때문에 생기는 책임, 크리스천이나 교회가 해서는 안 되는 일을 하지 않아야만 하는 책임, 크리스천이나 교회가 해서는 안 되는 일을 하였기 때문에 지게 되는 책임이 그것이다.

일터의 문화를 변혁하는 일은 한국 교회와 크리스천들의 당연한 책임이다. 교회와 크리스천 직장인들이 일터 문화를 바로 세울 때 직장인들도 살고 교회도 살고 흔들리는 경제도 살아나게 될 것이다.

■ 크리스천 문화 변혁자(change agent)가 관심을 가져야 할 27가지
· 일터에 보내신 하나님의 뜻을 살펴라.
· 직업과 보직을 하나님이 주신 성직으로 여겨라.
· 바른 일을 찾아 바르게 처리하라.
· 기독교적 가치관으로 무장하고 세상을 보라.
· 공과 사, 회사 일과 교회 일을 철저히 구분하라.
· 회사에서의 삶과 교회에서의 삶을 일치시켜라.
· 현실을 도피하거나 현실과 타협하지 않도록 균형 감각을 지녀라.
· 그리스도인으로서 훌륭한 인격을 도야하기에 힘써라.
· 언제나 하나님, 이웃, 자연 환경과 좋은 관계를 설정하라.
· 회사와의 고용 계약 조건을 지키는 데 충실하라.
· 자존심을 월급과 바꾸지 말라. 사표를 써 놓고 일하라.
· 회사 정책이나 지도자의 지시에 맹종하지 말고, 지혜롭게 소신을 펼쳐 나가라.
· 회사가 자신을 취사(取捨)하게 하지 말고, 자신이 회사를 선택하도록 상황을 유도하라.
· 최고의 상품 가치를 만들어 고객에게 제공하는 데 최선을 다하라.
· 권력이 아니라 신뢰감과 영향력으로 리더십을 키워라.
· 무엇이 되기(what to be)보다 무엇을 하느냐(what to do)에 관심을 가져라.

· 담당 업무를 끊임없이 개선, 개발하는 혁신자(innovator)가 되라.
· 한 우물만을 파는 전문 바보가 되지 말고, 꾸준한 자기 계발로 멀티 탤런트가 되라.
· 다양한 독서로 생각하는 직장인, 균형 감각을 지닌 직장인이 되라.
· 35세 이전에 진로와 자기 계발의 골격을 완성하라.
· 변화를 예상하고 준비하라. 변화에 끌려가지 말고 변화를 누려라.
· 남들보다 성실히 일하라. 가장 부지런한 사원이 되라. 남들이 귀찮아하는 일을 찾아서 기꺼이 하라.
· 다른 종교를 가진 사람들을 존중하고 그들과 화평하라.
· 어려운 일을 당한 동료들을 위해 최선을 다해 봉사하라.
· 소속 부서를 사내에서 가장 행복한 분위기로 만드는 데 앞장서라.
· 자신의 보직을 3년 이내에 타부서원들의 선망의 자리로 만들라.
· 한 분야에서 5년 이상 일했으면 그 업무를 표준화, 체계화하여 내용을 저술하라.

ⓒ 이의용 1998(교회문화연구소)

■ 크리스천 직장인들의 정직 지표
· 동료들에 대해 공정하게 평가하고 있다.
· 근무 시간에 개인적인 일을 하지 않는다.
· 조직의 목표를 명확히 이해하고 이의 달성을 위해 최선을 다하고 있다.
· 직장 내 비리의 시정을 위해 노력하고 있다.
· 업무와 관련된 사회의 법규와 직장 내 규정을 준수하고 있다.
· 지역 사회의 공해 방지와 환경 보호에 노력하고 있다.

· 뇌물 수수를 하지 않는다.

· 직장 물건이나 공금을 개인적 용도에 사용하지 않는다.

· 내부 정보를 이용하여 부당한 이익을 추구하지 않는다.

· 업무와 관련하여 거짓말을 하지 않는다.

  (출처: "정직성에 대한 자아 진단", 기독교윤리실천운동, 1997)

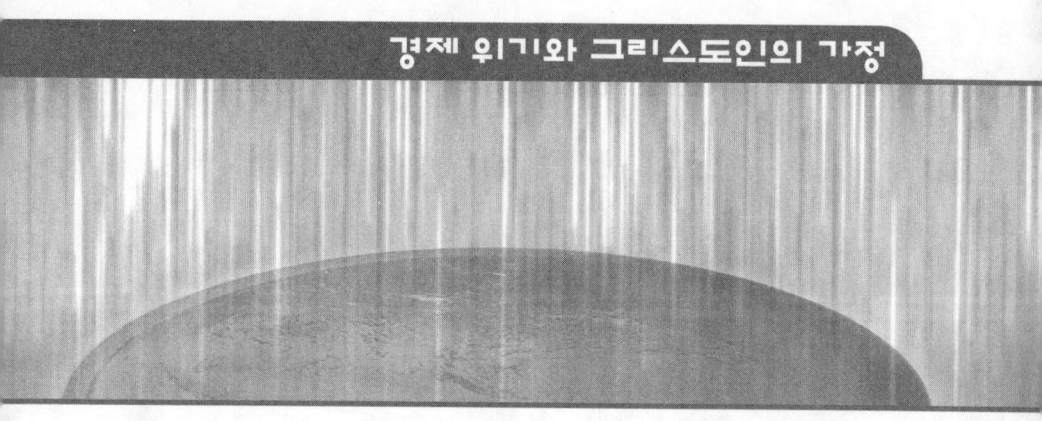

경제 위기와 그리스도인의 가정

홍인종

장신대 목회상담학 교수

1. 들어가는 말

옛날에는 "돈이 전부다"라고 얘기하는 사람은 없었는데 요즘에는 그런 사람이 많다. "돈이면 다다"라고 말을 한다. 우리가 돈에 대해서 가치를 많이 두고 그것에 의해서 삶이 끌려가다 보니까 가정이 점점 문제를 겪게 되고, 그러면서 그것에 어떻게 대처해야 될지, 어떻게 하면 건강한 가정을 유지해야 될지에 대해서 흔들리는 모습을 보게 된다. 이것이 오늘날 바로 우리가 겪고 있는 위기이다. 그러므로 본 글에서는 "우리는 위기라는 것을 어떻게 보는가?" 그리고 "경제적인 위기 가운데서 우리 가정이 겪는 어려움은 어떤 것이 있는가?"에 대해서 살펴보고 그러한 어려움을 극복해 나갈 수 있는 방법에 대해 생각해 보도록 하겠다. 특별히 요즘과 같은 IMF 상황에서는 가정의 실직자도 많고 자신이 실직되는 상황도 많은데, 그런 면에서 "우리가 이런 문제를 어떻게 다루면서 건강한 가정을 세워 나갈 것인가?"라는 내용을 다루도록 하겠다.

2. 위기에 대한 이해

1) 용어의 정리

우리는 먼저 무엇을 위기라고 하는지 용어에 대한 개념을 정리해야 한다. 위기란 "육체적, 감정적, 관계적 손상에 대한 위험 가능성"이다. '위험한 것'이 아니고 '위험한 가능성'이라는 말이 중요하다. 위기 자체가 위험한 것은 아니고 그것에 우리가 '어떻게 대처하느냐'에 따라서 위험할 수도 있고 그렇지 않을 수도 있다는 것이다. 사전에 보면 위기라는 것을 "위험한 고비, 결정적 시기(crucial time) 또는 어떤 일의 전환점(turning point)"이라고 정의하고 있다. 또 어떤 책에서는 "인간의 항상성 체계를 압도하는 불균형 상태의 기간"이라고 한다. '항상성'이란 인간이 해 오던 대로 하고 싶어하는 것이다. 익숙한 방법대로 그 상태를 유지하고 싶은데 유지하고 싶은 그 상황을 변화시켜야 되고 체계를 압도하는 불균형 상태가 일어날 때를 위기로 본다는 것이다. 또 기독교 심리학자인 콜린스는 위기를 "인간의 행복을 위협하거나 매일의 일상적인 삶을 방해하는 일련의 사건들"이라고 얘기한다.

우리는 위기가 위험과 기회의 합성어라고 들어 왔다. 이 말은 위기란 것 자체가 부정적인 것이 아니라 위기에 어떻게 대처하느냐가 중요하다는 것이다. 사도행전 6장에 보면 초대 교회에 헬라파 유대인들과 히브리 유대인들 사이에 분란이 일어났던 것을 알 수 있다. 구제에 문제가 생겼던 것이다. 누구는 너무 열심이고 누구는 소외되는 것이 바로 위기였다. 이러한 위기 상황에서 사역자들은 기도하고 가르치는 일에 전념하게 하고 집사들을 뽑아 봉사와 섬기는 일을 하게 해서 교회는 문제를 해결하고 발전적으로 변화되어 갔다. 또한 사도행전 8장에 보면 초대 교회에 큰 박해가 일어났던 것을 알 수 있다. 박해는 엄청난 위기였다. 그 위기로 인해 교회는 흩어졌지만, 흩어진 사람들이 각 곳에 가서 복음을 전함으로써 그 위기를 복음 전도의 기회로 사용하는 것을 보게 된다.

2) 위기에 대한 인간의 여러 가지 해석

우리는 위기에 대해서 어떻게 생각하는가? 신앙적인 면에서 볼 때 이런 위기 상황이 왜 우리에게 오는 것일까? 위기가 어디서 비롯되는 것인지 그 근원을 물을 때에 어떤 사람들은 그것을 하나님의 섭리로 여긴다. 하나님의 계획하심 가운데 우리에게 주어진 것이라고 한다. 신앙인이라면 어떤 위기 가운데서도 '모든 일을 주관하시는 분은 하나님이시다'라는 고백을 할 수 있어야 할 것이다.

IMF에 대해서도 여러 가지 말들이 있다. "기독교인들의 수가 천만이 넘는데, 제대로 못 살아 가지고 이 나라가 이렇게 됐다"고 생각하는 사람들이 있다. 미국에 거주하다가 최근 한국을 방문한 어떤 목사님은 "도대체 이 나라 국민들은 정신이 빠져 있다. 소비 성향이나 삶의 스타일이 전혀 변하지 않았다. 국민 모두의 책임이다"라고 하셨다. 어떤 사람은 YS의 책임이라고 하고, 어떤 사람은 정치인들의 책임이라고 한다. 여러 가지 책임론을 우리가 이야기할 수 있을 것이다.

그러나 우리는 그리스도인으로서 "이런 상황 속에서 하나님께서 섭리하시는 일은 무엇일까?"라고 생각해 볼 수 있어야 한다. 요셉의 경우를 보자. 요셉은 형들 탓에 팔려 가서 17세에서 30세가 되도록 밑바닥 인생을 살았고 오해를 받아 감옥살이를 하는 등 비극적인 삶을 살았다. 그러나 그는 형들에게 "당신들이 팔았으므로 근심하지 마소서. 형님들과 가족들을 구원하기 위해 하나님께서 미리 나를 이곳에 보내셨습니다"라고 말했다. 그는 '이 위기 속에서 하나님께서 섭리하신다'고 생각했다는 것이다. 그러므로 실직, 취직, 이사, 결혼,

우리의 회개, 회심하는 모든 것들도 하나님의 섭리 가운데서 이루어진다고 생각해 볼 수 있다.

우리의 삶 가운데는 자연적인 과정이 있다. 우리들 자신에게 어려움이 찾아올 수도 있고, 주위의 가까운 사람들이 어려움을 당할 수도 있다. 지난번 수해 때 목사님 한 분이 사모님과 같이 새벽기도를 다녀오시다가 동부간선도로 지하도로에 물이 가득 찬 것을 모르고 운전하시다가 그만 돌아가셨다. 그런 일이 생기면 "그 목사님 또 숨긴 죄가 있는 게 아닌가?"라고 말하는 사람이 있다. 그러나 자연적인 재해는 자연적인 과정 속에서 오는 것이므로 그리스도인들도 그대로 당할 수 있는 것이다. 자녀에게 어려움이 생길 수도 있고 병이 생길 수도 있다. 또 아이들이 크면 부모를 떠나간다. 이런 모든 것들은 자연적인 과정 속에서 오는 위기일 수 있다는 것이다. 가정에서는 언제 그런 일이 생길 수 있는가? 아이들이 청소년기를 맞이하고 부모들은 중년기에 접어들면서 청소년기와 중년기가 부딪칠 때면 가정이 위기를 맞기가 쉽다. 모든 가정에 위기가 올 수 있다는 것이다.

영적으로 상실했을 때 하나님께서는 사랑하는 자에게 매를 드신다. 성경에서 "사랑하는 자에게 하나님의 매(징계)가 없으면 사생자이다"라고 얘기하지 않는가? 다윗이 범죄하여 불륜의 관계에서 아이를 가졌을 때 하나님께서는 그 아이를 치셨다. 우리의 타락한 죄 때문에, 영적인 문제로 인하여 때로는 위기를 겪기도 한다. 그러나 우리 그리스도인들이 생각할 것이 하나 있다. 그 상황을 바라보면서 이 위기가 어떻게 일어났든지 간에 그 위기 가운데서 "하나님께서 우리에게 주시는 정신적이고 영적인 어떤 목적이 있으시다. 하나님께서는 계획이 있으시다"라고 생각하는 것은 아주 중요하다는 것이다.

3) 위기가 끼치는 심리적 영향

사람들에게 위기가 닥칠 때에 왜 그것이 큰 어려움이 되고 그것들로 인해서 문제를 겪게 되는가?

첫째로, 위기는 갑자기 오기 때문에 우리를 놀라게 한다. 준비가 되지 않은 상황에서 어떤 사건이 일어날 때가 바로 위기이고, 그럴 때 사람들은 놀라게 되어 그것으로 인해 문제를 겪게 된다.

LA는 지진이 참 많이 일어나는 곳이다. 그래서 지진에 대비해서 평소에 훈련을 해야 한다. 그곳에서 태어나고 자란 아이들은 지진이 나면 어느새 식탁 밑으로 들어가 있다. 그러나 훈련이 되어 있지 않은 사람들은 지진이 일어나면 어쩔 줄 몰라서 당황해한다. 어느 날 도서관에 있을 때 지진이 일어난 적이 있는데, 놀라서 주위를 둘러보니 학생들이 다 책상 밑으로 들어가 있었다. 지진이 났을 때 물건이 쓰러지면서 머리에 충격을 받지 않도록 보호하는 것이 중요하기 때문이다.

LA에서 상담했던 한국인 부부의 이야기이다. 하루는 5.2도의 강진이 일어났다. 그들 부부는 잠을 자고 있었는데 남편이 먼저 깨어나서 밖으로 뛰어나가려 했다. 그때 부인이 남편의 손을 잡았는데 그는 그만 부인의 손을 뿌리치고 혼자 뛰어나가고 말았다. 지진은 17초 만에 끝났지만 문제는 그때부터 일어났다. 혼자만 살겠다고 아내의 손을 뿌리치고 나가는 남편과는 함께 살지 못하겠다며 그 부인이 상담소를 찾아온 것이다. 준비가 안 된 상태에서 위기가 오면 어떻게 대처해야 될지 모르기 때문에 당황하게 되는 것이다. 위기라는 것의 심리적인 영향을 볼 때 우리를 놀라게 하는 이유는 바로 준비가 안 되어 있기 때문이다.

둘째로, 위기는 우리를 압도한다. '압도한다'는 의미는 어떤 상황이 일어났을 때 그 상황 속에서 "선택을 어떻게 해야 하는지 고려하는 것이 불가능하다"는 것이다. 자살하는 아이들은 대부분 "No Exit!"라고 한다. 탈출구, 즉 나갈 곳이 없다는 것이다. 청소년들은 "집은 감옥이고 부모는 간수고 자신들은 죄수"라고 말한다. 날마다 감옥에서 탈출하고 싶은데 탈출구가 없으니 죽는다는 것이다. 요즘 많은 사람들 특히 많은 남자들이 자살을 한다. 자살자들이 계속 늘어서 하루 25.4명, 그리고 IMF 이후부터는 30명씩 죽는다고 하는데 그 중의 30% 정도인 10명 이상이 경제적인 이유와 관계되어 죽는다는 것이다. 자살하는 사람들은 "나는 더 이상 선택의 여지가 없다"는 결론에 도달하기 때문에 목숨을 끊는 것이다. 그래서 위기는 사람들을 '압도한다'고 말할 수 있다.

또한, 위기는 다른 미해결의 문제들을 일깨워 준다. 사람들은 대부분 평소에는 문제를 다 덮어놓고 살아간다. 그러다가 어떤 문제가 생기면 그때부터 옛날 문제를 들춰내게 된다. "그것 봐라. 내가 결혼할 때 돈 많은 사람하고 결혼했어야 했는데 사랑이 뭐 밥 먹여 준다고 저 인간을 택해서 내 인생이 지금 이렇게 됐다"고 하며 다시 옛날의 문제를 끄집어낸다. 평소에는 덮어두었던 자기 삶 가운데 있는 문제들이 다시 드러나게 된다.

그리고 위기는 우리를 위축시켜서 신체적으로 무기력하게 하고, 우리의 생각, 감정, 행동을 왜곡시켜서 절망하게 하고, 미래를 암울하게 보게 하여 일이 호전될 것이라는 생각을 하지 못하고 불행함을 느끼게 한다. "나는 뒤로 넘어져도 코가 깨진다", "나는 되는 일이라고는 하나도 없다"라고 생각하게 된다.

4) 위기의 단계들(Parad & Parad 모델)

사람들은 위기가 없을 때 평온한 상태를 유지하고 있다. 그런데 스트레스를 주는 상황 또는 요인(stressor)이 발생하면 이전에 유지하던 평형이 깨지면서 위기가 닥친다. 예를 들면 10대 아이가 가출을 하고 술을 마시기 시작했다거나 남편이 어느 날 와이셔츠에 립스틱을 묻히고 오는 것 등이 모두 스트레스를 주는 것들이다. '어느 날 아내가 통장에서 천만 원을 빼 갔는데 출처를 밝히지 않는다. 제비족일까?' 이런 생각들로 인해 현재까지의 균형이 깨지면서 그 사건에 반응하는 것이 위기라는 것이다. 위기 상황은 평온 상태를 깨트리고 감정적으로나 정서적으로 점점 내려가게 한다. 어떤 사람들은 그런 상태에서 우울증이나 깊은 정서적 상처를 받기도 한다. 위기 요인으로 인해 사람들은 그 사건을 지각하고 반응하는데 이것이 위기 불균형이다. 그 문제를 어떻게 해결하느냐에 따라서 옛날보다 못한 상태로 내려가거나, 그것을 잘 극복해서 옛날 수준으로 회복하거나, 혹은 예전보다 더 좋은 상황으로 끌어올리거나 하는 것이다.

결국 위기란 그 문제에 대해서 어떻게 지각하고 그것에 어떻게 반응하고 어떻게 해결하느냐에 따라서 위기 전 상태보다 나아질 수도 있고 균형을 잡을 수도 있고 아니면 더 나은 상태로 나아갈 수도 있다는 것이다. 그러므로 현재의 많은 어려움 가운데 이 경제적인 위기 때문에 우리의 가정이 위축되고 파괴되고 어려워질 수도 있지만 동시에 이것 때문에 가정이 하나가 되고 가정에 응집력이 생기고 가정이 일어설 수 있는 귀중한 계기를 발견하는 기회가 될 수도 있다는 것이다.

사람들은 대체적으로 위기가 생기거나 문제가 생기고 스트레스를 받으면 어떻게 할까? 여자들은 "그냥 참는다"고 하는 경우가 가장 많고, 그 다음에 "수다를 떤다", "집안 일을 열심히 한다"의 순이다. 방을 닦고 청소를 하거나, "종교 생활", "취미 생활"을 하거나, "폭식"을 하는 경우도 많이 있다. 남자들은 스트레스를 받는 상황에서 "술 마신다"가 27.6%로 1위이다. 하지만 이것은 위기 상황을 낫게 하는 것이 절대 아니다. 잠시 잊어버리는 것뿐이므로 제 정신으로 돌아오면 더 스트레스를 받고 또 다시 잊어버리기 위해서 다음에는 술을 더 많이 마시게 된다. 그렇기 때문에 남자들이 술을 마시는 것은 파괴적인 위기 대처 방안이다. 그 다음에 "등산", "운동", "그냥 참는다", "친구하고 수다떤다", "휴식한다" 등의 방법들이 있다. 위기 상황 속에서 '어떻게 대처하느냐' 하는 것은 그 영향, 대처 능력, 대처할 수 있는 방안과 선택의 가능성들이 가정이 그 문제를 이기고 넘어가느냐 아니냐를 선택한다.

3. 경제와 개인적, 가정적 위기

1) 인간이 살아가며 경험하는 고전적 위기들

디모데후서 3장 1-5절을 살펴보면 말세에 고통하는 때의 징조에 대해 나와 있다. 그때가 이르면 나타나는 사람들의 현상, 가정의 현상은 세 가지가 있다.

첫째는 '자기 중심성'으로, 사람들이 자기를 사랑한다. 요즘 셀프러브(self-love)에 대해 많이 말하는데 여기에서의 자기 중심성은 나에 대한 긍정적인 자존심 또는 자긍심이 아니라 나를 중심으로, 자기 위주로 세상을 바라본다는 것이다. 이런 사람들은 자신 때문에 이 지구가 존재하고 있다고 생각한다. 술을 마시고 가다가 쓰러진 사람이 "나는 가만히 있는데 아스팔트가 튀어 올라와서 내 머리를 쳤다"고 얘기한다. 자기 중심적으로 세상을 바라본다. 하나님을 사랑하는 대신에 자기를 사랑하는 것이다.

둘째로, '물질주의'가 생겨난다. 성경에 보면 사람들이 인간들이나 영혼에 대한 사랑보다는 재물을 사랑한다고 나와 있다.

셋째로, '쾌락주의'이다. "쾌락을 사랑하기를 하나님 사랑하는 것보다 더하며"라고 했다. 성적인 관심이 영적인 관심보다 앞선다는 것이다. 말세에 고통받는 때에 경제적인 위기가 오고 세상이 오염되고 세상의 에너지가 다 없어지는 것이 아니라 인간의 마음속에 또는 하나님과의 관계 속에서 고통받는 모습으로 온다는 것이다.

요즘에 아버지들의 가장 큰 고민은 가족들이 자기를 바라볼 때 아버지로 바라보는 것이 아니라 돈으로 바라본다는 것이다. 돈 버는 것으로 사람의 능력을 평가받는다고 생각한다. 많은 남성들에게 "집에서 하는 일이 뭡니까?", "아버지가 해야 할 일이 뭡니까?", "가장의 역할이 뭡니까?"라고 물어 보면 "돈 벌어 오는 것"이라고 대답을 한다. 가장들이 해야 할 일의 첫번째는 돈을 벌어 오는 것이라고 생각을 하는 것이다. 아내가 돈을 벌어 오면 남편들은 자기의 무능력을 아내가 증명하고 있다고 느낀다는 것이다. 그만큼 우리는 삶 가운데서 돈이라는 것을 중요하게 생각하고 있다. 하나님 대신에 돈이, 하나님 대신에 내 자신이, 인간적인 것, 영적인 것, 인간의 영혼 구원에 대한 관심 대신에 물질주의, 쾌락주의, 성 등이 우리의 마음을 차지해 버리고 말았다.

2) 성경 인물 중 경제적 유혹에 실패한 사람들의 예

성경에는 돈에 관한 유혹들과 이 유혹에 의해 실패를 겪은 사람들의 이야기가 나와 있다. 예를 들면 진멸해야 할 양과 소를 취한 사울 왕이 위기를 겪었다(삼상 15:17-23). 아름다운 외투 한 벌과 금덩이로 인해 유다 지파 족속 아간이 위기를 겪었고(수 7:20-21), 선지자 엘리사의 사환 게하시가 은 한 달란트와 옷 두 벌로 인해 위기를 겪었다(왕하 5:22). 예수님의 제자 유다가 은 삼십에 예수님을 팔았고 (마 26:14-16), 초대 교회 아나니아와 삽비라 부부가 땅값 일부를 숨기고 전부라고 속였다(행 5:1-6). 이렇게 돈과 연관된 마음의 가장 밑바닥에는 탐심이 있었다. 그 인생들도 하나님의 큰 은혜를 누릴 수 있었던 사람들인데 이 탐심 때문에 실패한 모습들을 볼 수 있다.

3) 경제로 알 수 있는 결혼 생활의 위험 신호들

오늘 우리 나라의 가정들 가운데 문제를 겪는 가정들을 보면 돈과 연관된 문제를 겪는 경우가 많이 있다. "남편과 아내의 재정을 분리하고 따로 주머니를 찬다"는 것 등이 위험 신호들이다. 대화가 부족한 것도 가정 생활의 위험 신호들이다. 이유를 알 수 없는 피로를 느끼거나 가장의 짐을 벗어 버리고 싶다고 하는 가장들이 상당히 많다.
그래서 노숙자들이 많이 나왔다. 그들은 인터뷰를 하면 "집을 떠나
있으면서 가장의 책임을 안 지는 것이 너무나 편안하다"라면서 행복
해한다. 문제로부터의 도피이다. 대안 없이 그냥 잊어버리거나, 종교
적으로 도피하려 한다. 그래서 방관자적 입장을 취하면서 "하나님이
어떻게든 공급해 주실 것이다"라고 생각한다. 무책임한 행동이다.
그렇지 않으면 일에 대해서 지나치게 몰입을 한다. 여성들 같으면
탐닉적인 구매를 한다. 돈도 없으면서 크레디트 카드를 마구 써 가
며 물건을 구입한다. 돈이 없으면 부모에게 의존해서 살아간다. 그리
고 돈을 벌라고 아내를 강압적으로 내보낸다. 십일조 하던 것을 하
지 않는다. 수입과 지출이 똑같게 된다. 이런 것들은 결혼 생활에서
경제적인 것을 이유로 위험한 상황으로 가고 있다는 신호들로 볼 수
있다.

4) 경제 위기 속에 나타나는 가정적 위기의 부정적 결과들

경제 위기 속에서 나타나는 가정의 위기의 부정적인 결과들이 있
다. 우선 개인들이 무너진다. 자살이 증가하고, 각종 정신, 신체 질환
자들이 늘고 노숙자들이 증가한다. 결혼도 점점 지연되는 경향이 있
다고 한다.

위기 상황 속에서는 해결되지 않은 과거의 문제 상황들이 드러난
다. 건강하게 가정 생활들을 했던 사람들은 위기 가운데서 가족의
결속력이 다져지고 응집력이 생긴다. 그래서 그 문제들을 이겨 나가
는 가정들이 있다. IMF 이후 오히려 금실이 좋아졌다고 하는 부부

들이 있는데 근무하는 주부들의 경우였다. 그러나 일반적인 가정들은 이러한 경제적인 위기 속에서 점점 해체되고 있다.

통계적으로 이런 위기에는 부인을 구타하는 남자들이 많아지고 아동 학대가 증가하며 외도가 늘어난다. 심지어 지진이 난 후에도 아동학대가 증가한다는 결과가 있다. LA에서 폭동이 일어난 후에 아동 학대가 상당히 많이 일어났고 아내 학대도 많이 일어났다. 위기를 당하면 부부간에 문제들이 많이 생기게 되고, 서로가 서로에게 책임을 돌리면서 가정 안에서 폭력이 일어나게 된다는 것이다.

경제적인 이유로 가정이 해체되고 버려지는 아이들과 방치되는 노인들이 많아지고 장애자, 병약자에 대한 무관심이 증가한다. 예전에 필자가 있던 학교에서는 유아교육과와 식품영양학과가 함께 매년 고아원 아이들 20여 명을 초청하여 직접 만든 음식을 대접했다. 그런데 그 고아원 원장님의 말씀이 "올해 들어서 새로 들어온 아이들이 20명이 넘는다. 예전에는 고아원에 오는 아이들이 나이가 좀 든 아이들로 부모님이 돌아가셔서 왔는데, 이제는 버려져서 오는 아이들이 많다. 그들은 대부분 6, 7살이고, 심지어는 1, 2살로 시작해서 학령기 전 아이들과 초등학교 아이들도 있다"는 것이다. 아이들을 유기하는 부모들이 자꾸 늘어난다. 그러면서 가정들은 점점 위태해지기 시작한다.

신문에 "IMF 이후 아담이 찾는 이브는 전우 같은 아내"라는 기사가 실린 적이 있다. 왜냐하면 IMF 이후로 가정이 경제에 의해서 결정되고 경제에 의해서 영향을 받기 때문에 아내도 경제력이 있어야 한다는 것이다. 그뿐 아니라 고혈압, 당뇨병, 심근경색 발병률이 엄청나게 늘어나고 있다고 한다. 남성들의 경우 '실직 남성 화병 증후

군'이라는 것이 생기고, 또 한 통계에 따르면 IMF형 범죄자들이 많이 나타나는데 그 중에서도 엄마들의 범죄가 늘어난다는 것이다. LA에서 폭동이 일어났을 때 3대가 물건을 훔친 일이 있었다. 한국 사람들의 가게를 차로 받아서 셔터를 찌그러뜨린 후에 할머니와 엄마가 셔터를 올리고 자기의 아이를 건물 안으로 들여보내서 물건을 훔쳐 오게 한다는 것이다. 도덕적 가치 체계의 엄청난 붕괴가 일어나고 있다는 것을 볼 수 있다.

도덕적, 정신적, 영적인 문제를 겪으면서 돈만 있으면 모든 것이 해결될 수 있을 것처럼 착각을 하게 된다. 그러나 고소득층의 자녀일수록 부모에 대해 '부정적'이라고 한다. "부모에게 실망한 경험이 있는가?", "부모에게 자주 혹은 거의 매일 화가 난다"는 문항에 대해서 중·저소득층 가정의 자녀들은 10.5~16.85%가 "그렇다"고 대답한 반면에 고소득층 자녀들은 23.5%가 "그렇다"고 대답했다. 부모가 돈이 많으면 아이들이 원하는 것을 즉석에서 들어줄 수 있다. 그렇지만 성령의 열매인 절제를 배우지 못한 사람은 이 사회에서 살아남을 수가 없다. 이런 아이들은 학교에 들어가면 좌절을 느낀다. 학교에서는 집에서처럼 모든 것을 자기 마음대로 할 수가 없기 때문이다. 요즘에 우리가 EQ 교육에 대해 많이 말하는데 EQ 교육에서 중요한 것은 "보다 좋은 것을 얻기 위해서 오늘을 참는 것"이다. 실험 결과에서 EQ가 높은 아이들은 인내심을 더 많이 발휘하는 것으로 나타났다.

돈 자체가 나쁜 것이 아니라 '돈을 어떻게 생각하느냐'는 우리의 가치관이 문제인데, 요즘에는 돈을 다른 어떤 가치보다도 중요하게 여기는 생각이 사람들 사이에 아주 팽배하게 들어와 있다. 돈만 있

으면 모든 것을 해결할 수 있을 것 같은 착각 속에 우리가 살고 있다
는 것이다.

4. 경제적 위기에서 어떻게 가정을 건강하게 세워 갈 것인가?

1) 사고의 전환이 필요하다

경제적인 위기 속에서 어떻게 가정을 건강하고 튼튼하고 올바르
게 세워 나갈 수가 있을까? 지금의 이 위기가 꼭 돈 때문이고 돈만
생기면 앞으로 이 문제는 없어지는 것인가? 그렇지 않다. 우리가 기
독교인으로 살아가면서 삶의 우선순위가 조정이 되야 하는데 돈이
사람이나 우리의 가족이나 하나님보다 앞서지 않아야 한다(잠 15:
16-17). '삶의 우선순위를 어디에 두고 있는가? 돈에 두고 있는가 아
니면 하나님께 두고 있는가? 가정에 두고 있는가 아니면 경제적인
것에 먼저 두고 있는가?'에 대해서 생각해 보고 우리 삶의 우선순위
를 조정해야겠다.

우리는 또한 예수님의 모범과 그분의 약속과 인도하심을 기대하
며 기억해야 한다(마 7:7-11). 필자가 유학 생활을 할 때 텍사스에
있는 달라스 신학교에 다닌 적이 있는데, 감사절이 있는 11월이면
학교에서 가끔씩 유학생들의 우편함에 돈을 넣어 주곤 했다. 30불,
때로는 50불! 얼마나 감격스러웠는지 모른다. 감사절에 부부가 같이
나가서 식사라도 하라는 의미이다. 학교가 어려워 빚이 수백만 불인
데도 외국인 유학생들을 위해서 그렇게 했던 것이다. 그런가 하면

어느 날 우편함을 열어 보니 누군지도 모르는 사람으로부터 20불과 함께 "God bless you!"(하나님의 은총이 깃들이기를!)라는 말이 적혀 있었다. 우리는 그런 것을 '까마귀 전법'이라고 했는데, 하나님이 까마귀를 보내서 하나님의 백성을 먹이신다는 것이다. 우리는 하나님의 인도하심과 도우심과 함께하심을 기대해야 된다. 예수님은 "여우도 굴이 있고 공중의 새도 거처가 있으되 인자는 머리 둘 곳이 없다"(마 8:20)고 하셨다. 또 예수님께서는 우리에게 "오늘날 우리에게 일용할 양식을 주옵시고"(마 6:11)라고 필요한 음식을 위해서 기도하라고 말씀하신다.

2) 자신이 실직을 당했을 때 기억해야 할 것

첫째, 삶의 계획을 창조하는 것이다. 일이 없다고 해서 푹 노는 것이 아니라 장기적인 계획을 세워야 한다.

둘째, 일상 생활에 리듬을 잃지 않도록 한다. "이제 푹 쉬어 보자"하고 늦게까지 TV나 비디오를 보다가 아침에 늦게 일어나고 식사는 대충 때우는 식의 생활을 일주일만 계속하면 생활의 리듬이 다 깨져 버린다. 그러므로 일을 안 할 때도 매일 일정한 시간에 일어나고 규칙적인 생활을 하도록 한다.

셋째, 다양한 직업을 찾는 전략으로 또는 가능한 고용을 위해서 당신을 교육하는 기회로 삼아야 한다.

넷째, 직업을 찾는 일, 개인적인 활동, 가족과 함께하는 시간을 포함하는 주간 계획을 세운다. "나는 노니까 스케줄북이 필요 없다"고 생각하면 안 된다. 놀 때에도 "언제 무엇을 하고 논다"는 것을 써 놓는다. 왜냐하면 노는 것도 어떻게 노느냐가 중요하기 때문이다. 그냥 노는 시간은 무의미하게 흘러가는 시간이지만 약속하고 노는 시간은 의미 있고 재미있게 보낼 수가 있다. 예를 들어 아이들과 같이 자는 것, 가정 예배를 드리는 것, 가족 모임 같은 것을 계획을 세워서 실행한다.

다섯째, 직업 찾기는 숫자 놀이와 같아서 더 많이 문을 두드릴수록, 즉 일을 찾으면 찾을수록 더 나은 결과가 온다. "하나님 주시옵소서" 하면서 방에 가만히 앉아 있다면 어디선가 갑자기 전화가 걸려 와서 "우리 직장에 일자리가 있으니 나오세요" 하는 일은 있을 수가 없다.

여섯째, 당신이 알고 있는 모든 사람들에게 당신이 일자리를 찾고 있다는 것을 말한다. 지금 직업이 없다는 것을 부끄러워하지 말고 드러내 보여야 한다. 가능한 한 많은 사람들에게 이야기해야 그만큼 기회도 많이 얻을 수 있게 된다.

일곱째, 생산적인 일을 하기 위해서 자원봉사를 하며 새로운 기술을 배운다. 자원봉사가 아무 것도 아닌 것 같아도 일을 하다 보면 배우는 것이 많다. 자원봉사를 많이 하다 보면 기술도 생기고 인간 관계의 폭도 넓어지며 앞으로 무슨 일을 해야 할지에 관한 안목도 생긴다. 주위를 둘러보면 우리 사회 안에는 자원봉사자의 손길이 필요한 곳이 상당히 많이 있다.

여덟째, 필요하다면 주위 사람들로부터 정서적, 재정적 도움을 받는다. 몹시 힘든 상황인데도 어떤 사람들은 자존심 때문에 남의 도움은 절대로 받지 않으려는 사람들이 있다. 이들은 건강치 못한 사람들이다. 가족이나 다른 이들의 도움이 필요할 때는 받아야 한다.

문제는 그들에게 의존적인 것이지 도움을 받는 것 자체가 아니다. 필요할 때는 적절한 도움을 받아야 하며 정서적인 면에서도 마찬가지이다.

아홉째, 가족들에게 분풀이하거나 보복하지 말아야 한다. 주로 부부싸움을 하면 아이한테 분풀이를 하게 된다. 스트레스는 운동이나 다른 건설적인 활동을 통해서 해소하도록 해야 한다.

3) 가족이나 친구가 실직을 당했을 때 기억해야 할 것

첫째, 희망과 격려를 제공한다. "나도 왕년에 그랬는데 지금은 이렇게 됐다"고 얘기하는 사람들이 많이 있는데 영적인 우월감을 갖고 말하는 것처럼 비춰지지 않도록 조심해야 한다. 왜냐하면 이런 상황에 있는 사람들은 의기소침해 있고 고독하고 외롭고 격려가 필요한 사람들이기 때문이다.

둘째, 매일 그를 위해서 그와 함께 기도한다. 개인적으로 만날 수 없다면 전화로 함께 기도할 수 있을 것이다. 전화로 기도하는 것은 우리가 직접 보지 못할 때 사용할 수 있는 좋은 방법 중의 하나이다. 비록 얼굴을 못 보고 전화로 기도하지만 하나님께서는 우리의 중심을 보신다.

셋째, 실직은 현재 경제적 조건의 반영이지 개인의 가치의 반영이 아니라는 것을 그에게 인식시킨다. 본인은 "내가 지금 돈을 못 벌기 때문에 능력이 없고 가치가 없고, 그래서 별로 중요하지 않은 존재"라고 생각한다. 그러나 그것은 현재의 상태, 즉 경제적 조건의 반영이지 개인의 가치를 반영하는 것은 아니다.

넷째, 개인의 재능과 긍정적인 특성을 지지하기 위한 기회를 찾는다. 그 사람이 잘하고 있는 것을 찾아서 격려해 주는 것은 아주 중요하다. 외국 선생님들에게서 "아이들이 잘하는 것 한 가지를 빨리 찾는 것은 중요하다. 어린아이를 가르칠 때 그 잘하는 부분을 먼저 칭찬하고 인정해 주고 나서 교정도 하고 긍정적 협동심도 요구한다"는 말을 들은 적이 있다. 긍정적인 특성을 지지하기 위한 기회를 찾는 것은 중요한 일이다.

다섯째, 직종을 바꾸는 것, 집에서 일하는 것, 시간제 일을 하는 것을 포함하여 모든 가능한 방법을 고려하도록 그를 돕는다. "나는 절대로 이것을 못해"라고 생각하면 아무 일도 못한다.

여섯째, 그가 그의 감정을 표현하도록 허용하되 자기 연민을 지지하지는 말라. 그가 당신과 함께 보내는 시간은 그를 격려하고 긍정적인 감정을 고조시켜서 희망적인 상태로 떠나 보내도록 해야 한다.

일곱째, 그가 구체적인 직업 찾기 일정에 책임감을 가질 수 있도록 지지해 준다. 몇 번 시도해 보았는데 실패한 것으로 낙심하지 않고 끝까지 노력할 수 있도록 지지해 준다. 자신의 일이므로 스스로 책임질 수 있도록 책임감을 종종 일깨워 준다.

여덟째, 실직에 관한 것보다는 다른 주제에 관해서 이야기한다.

아홉째, 그 가족이 긴장하지 않고 재미를 느낄 수 있도록 기회를 제공한다. 이럴 때일수록 부부가 같이 시간을 보낼 수 있도록 애들도 봐 주고 초대권도 선물하는 등의 방법으로 도와 줄 수 있다.

열째, 실제적이고 분리된 도움을 제공한다. 그것은 음식, 의복, 재정적인 것을 포함하는 실제적인 도움을 줘야 한다는 뜻이다. 야고보서 2장 15-16절의 말씀대로 만일 형제나 자매가 헐벗고 일용할 양식이 없는데 그에게 이르되 "평안히 가라, 더웁게 하라, 배부르게 하라" 하며 실제로 필요한 것을 주지 아니하면 무슨 도움이 되겠는가? 그러나 실제적인 도움을 주되 '분리된 도움'을 주어야 한다. '분리된 도움'이란 그것으로 인해서 의존적이 되거나 그것 때문에 스스로 책임지는 상황에서 멀어지지 않도록 지혜롭게 도와야 된다는 뜻이다.

5. 맺는 말

성경은 "친구는 사랑이 끊이지 아니하고 형제는 위급한 때까지 위하여 났느니라"(잠 17:17)고 말씀하신다. 가족 구성원은 위급할 때, 위기일 때가 바로 실력을 발휘할 때이다.

가정이 위기를 만나 겪게 되는 문제들 속에서 가족이 키워 나가야 될 것이 두 가지가 있는데 바로 응집성과 적응성이다. 가족은 위기 속에서 "우리는 이것을 같이 극복해야 된다"는 우리 의식을 키워야 되지만, 사회에 적응하지 못하는 사람들을 만들어 내면 안 되므로 내가 개별화되어 독특함을 가지고 사회의 변화에 적응할 수 있는 '적응 능력'을 함께 키워 줘야 이 사회와 위기 속에서 살아남을 수 있다.

인간은 모두가 고독하다. 가족들과 함께 살면서도 외로움을 느낀다. 그러나 이런 외로움 속에서도 하나님이 우리를 불러서 도구로 쓰시는데, 우리가 도구로 쓰임을 받으려면 생각을 바꿔야 된다. 가정을 회복하는 데 있어서 가족의 응집성과 적응성을 키워서 위기를 극복해야 되고 그러기 위해 가정의 중요성을 인식하고 삶의 우선순위를 바꿔야 한다.

가족간에 표현을 할 때도 글로 쓰는 것보다는 얼굴과 얼굴을 맞대고 보는 것이 훨씬 더 큰 영향을 준다. 그래서 우리가 가정의 위기를 극복해 나갈 때 가정의 중요성, 가족의 소중함에 우선순위를 두고 가족이 함께 경험할 수 있는 기회를 만들어야 된다. 또 위기 가운데서 가정을 다시 일으켜 세워 나가려면 부부가 한 팀이 되어야 한다. 남편만 뛰어서도 안 되고 아내만 뛰어서도 안 된다.

우리가 그리스도인으로서 하나님께 의지하며 위기 가운데서도 가족이 하나가 되는 응집력을 발휘하고 동시에 사회의 변화에 대해서도 개별적으로 적응할 수 있는 적응력을 같이 키움으로써 가정을 건강하고 올바르게 세워 나간다면 많은 사람들에게 본이 되어서 전도의 역할을 감당할 수 있을 것이라고 생각한다.

전도서 7장 17절에 보면 "형통한 날에는 기뻐하고 곤고한 날에는 생각하라. 하나님이 이 두 가지를 병행하게 하사 사람으로 그 장래 일을 능히 헤아려 알지 못하게 하셨느니라"라고 하셨는데 하나님이 왜 이 두 가지—형통한 날에는 기뻐하고 곤고한 날에는 생각하는 것—를 병행하셨는지 위기 상황에서 생각해 보아야 한다.

CCM, 교회음악으로 정착되고 있는가?

양동복

CBS FM 프로듀서

1. 들어가는 말

한국 교회는 CCM이라는 뜨거운 감자를 안고 있다. "CCM을 교회음악으로 받아들일 수 있는가? CCM을 예배음악으로 사용할 수 있는가? CCM을 올바른 기독교 음악 문화로 인정할 수 있는가?" 이에 대한 극단적인 견해가 혼재하고 있어서 이 음악을 만들고 누리는 기독교인들을 혼란에 빠뜨리고 있는 것이다. CCM은 '양의 탈을 쓴 늑대'처럼 사탄의 계략이라는 반대 의견, 예배에는 사용할 수 없지만 기타 교회의 행사나 집회 등에서 사용할 수 있다는 절충 의견, CCM도 충분히 예배음악으로 사용될 수 있다는 적극 찬성 의견 등 여러 견해가 존재한다. 그런가 하면 우리 정서에 맞지 않는 록이나 랩 같은 스타일은 결코 사용할 수 없다는, 음악 스타일에 대한 견해도 여러 가지로 존재한다. 문제는 이런 혼란을 파악하고 정리하는 움직임이 제대로 없다는 것이다. 더군다나 근본적으로 이런 문제에 대한 확실한 개념 인식을 갖고 있는 교회 지도자들이 적어서 혼란의 시작부터가 잘못된 일도 많다. 이런 혼란은 10년 전 우리에게 낯선 이름으로 다가와 요즘에 일반화되어 버린 CCM이란 개념에서부터 시작된다.

2. 한국 교회의 CCM에 대한 개념 인식

'한국 교회가 CCM을 어떻게 인식하고 있는가'라는 질문에 앞서 음악 용어의 사용에 대한 모호성을 지적할 필요가 있다. 한국 교회에서는 '찬양=노래'(praise=song)라는 등식이 일반화되어 있다. 많은 사람들이 지적하는 이야기지만 여전히 '찬양'이라는 말은 교회 안에서 주로 음악에 관련되어 쓰이고 있다. 노래가 찬양의 한 가지 방법이긴 하지만 결코 같은 말은 아닌데도 한국 교회에서는 "노래합시다"라고 하지 않고 "찬양합시다"라는 말을 씀으로 해서 기독교와 관련된 음악은 모두 '찬양(=하나님을 높여 드리는 것)'이 아니면 안 된다는 의식을 심어 주고 말았다. 그래서 은연중에 기독교 관련 음악은 예배에 적합하냐 않느냐로 평가하게 되었고, 예배에 적합하다고 판단되지 않는 음악들은 '찬양'이 아니라는 비판을 들어야 했다. 기독교 음악은 직접적으로 '올려 높이는' 내용이 아닌 것도 많고 그런 음악의 스타일은 좀더 자유스러울 수가 있는데도 한국 교회는 '노래'와 '찬양'을 혼동해서 써 왔기 때문에 "어떻게 저런 음악을 찬양이라고 제단에 올려놓을 수 있단 말인가?", "저런 음악을 하나님께서 기뻐 받으시겠는가?" 같은 비난이 터져 나왔던 것이다.

한국 교회는 우선 교회음악과 관련된 개념을 정리하지 않으면 잘못된 개념 인식에서 비롯된, 하지 않아도 될 논란을 계속하게 될 것이다. 1998년 여름, 우리 나라에 와서 여러 차례 강연을 했던 미국 칼빈 대학의 로마노프스키(William Romanowsky) 교수가 의아스럽게 생각하면서 던진 질문이 우리의 개념 인식의 혼란을 잘 지적해 주고 있다. "한국에서는 왜 가수, 연주가 등을 '찬양 사역자'라고 부르는가? 찬양 사역자(praise minister)라는 말은 교회에서 성가대 전담 목회자 같은 인상을 준다. '프레이즈 미니스터'라는 말은 실제로 쓰이지 않는다." 우리는 개념을 잘못 가지고 있어서 불필요한 비판과 비난을 하고 있는 것이 아닌가?

1) CCM은 무엇인가?

CCM이란 말은 미국에서 들어왔다. CCM을 비롯한 대부분의 대중음악 용어들은 미국에서 들어왔다. 미국에서는 19세기부터 '가스펠 송'(gospel song)이라는 용어가 쓰이기 시작했고, 복음적인 내용을 담은 노래들을 '가스펠 음악'(gospel music)으로 통칭해 왔다. 그런데 흑인들이 흑인영가에서부터 그들만의 독특한 스타일을 발전시켜 가면서 보통 '가스펠'이라고 부르는 '블랙 가스펠'(black gospel)이 하나의 장르로 정착되었다. 흑인들의 가스펠은 그 창법이나 음악 스타일이 다른 장르와 확연하게 구분이 되었다. 한편 백인들은 미국 남부 지역을 중심으로 컨트리 풍의 '서던 가스펠'(southern gospel)을 오랫동안 발전시켜 왔는데, 이 음악도 다른 장르와 구분이 되는 스타일이었다. 그러다가 1950년대에 흑인음악과 백인음악이 섞여 만들어진 록큰롤(rock'n' roll)이 등장하면서 기독교 관련 음악에도 블랙 가스펠이나 서던 가스펠의 맥과는 다른 음악이 등장했다. 이 음악은 외양으로는 일반 팝 음악과 구별되지 않았다. 하지만 그 내용은 기독교적인 것을 다루었다. 이 음악이 바로 CCM이었다.

기독교계에서는 처음엔 이 음악을 예수음악(Jesus music), 또는 지저스 록(Jesus-rock)으로 불렀다. 일반 음악계에서는 '컨템퍼러리 크리스천'(Contemporary Christian)이라는 용어를 쓰기 전까지 이런 음악을 여전히 '가스펠' 또는 '인스피레이셔널'(inspirational), '릴리저스'(religious) 음악으로 불렀다. 미국의 대표적인 음반 차트 전문지인 ≪빌보드≫를 보면 기독교 관련 음악으로 CCM과 가스펠의 두 차트를 두고 있다. ≪빌보드≫는 CCM은 팝·록 계열의 음악을,

가스펠은 흑인 전통 가스펠과 소울, 리듬앤블루스 스타일의 음악을 반영하고 있다. 그러니까 CCM은 일반 대중음악의 스타일을 똑같이 갖고 있으면서 내용은 기독교적 가치관을 담고 있는 음악이라고 여겨지고 있는 것이다. 우리 나라에서도 일반 가요계의 입장에서 보면 스타일은 가요와 다를 바 없는데 내용은 기독교적인 것을 다루고 있는 음악을 '복음성가'라고 부른다. 이런 점에서 미국의 CCM과 우리 나라의 복음성가는 같은 선상에 있는 음악이라고 볼 수 있다. 그래서 요즘엔 복음성가라고 부르지 않고 CCM이라고 부르는 경향이 많아졌다.

CCM은 그 음악 스타일뿐만 아니라 그 내용도 '컨템퍼러리'하다. 요즘의 음악을 쓰고 있기 때문에 자연스럽게 오늘의 시대와 문화 상황을 반영한다. 예를 들어 인종 차별 문제가 심각해진 오늘날 흑인이든 백인이든 다 같이 하나님의 뜻에 따라 지음받은, 하나님의 자녀라는 내용을 담은 노래가 만들어진다. 2천 년 전 예수님이 당시 상황에 비춘 여러 가지 비유를 하셨듯이 CCM도 오늘의 상황을 반영하여 기독교 진리를 전파하고 실천하려고 한다.

그런데 CCM은 미국에서 음악업계가 붙인 이름이다. '가스펠 송'도 미국의 부흥 시기에 출판을 위해 만들어진 이름이었다. CCM은 미국의 음악업계, 기독교 문화 산업계의 필요에 따라 일종의 울타리처럼 붙여진 이름이었다. 진정한 그리스도인이 기독교인이라는 이름표를 붙이지 않아도 그리스도의 향기가 나듯이 진정으로 기독교 진리를 밑바탕으로 하는 노래는 CCM이라는 이름표를 붙이지 않아도 그 진리가 영향을 미치게 마련이다. 그러나 '크리스천 음악'이라는 이름을 붙여야만 교회가 인정해 주는 상황, 기독교 냄새가 나면 종

교음악으로 제껴 놓고 보는 일반 음악계의 배척, 일반 음반과 기독
교 음반의 유통 구조 분리를 비롯한 음악 산업의 여러 가지 문제로
인해 CCM은 따로 이름표를 달고 말았던 것이다.

그러나 어쨌든 CCM은 이제 차트로 구분될 만큼 일반화되어 버린
이름이기 때문에 굳이 용어 사용을 배격할 필요는 없을 것 같다. 다
만 포괄적으로 개념을 정리할 필요는 있겠다. 결론적으로 CCM은
첫째, 미국에서 흑인 음악인 가스펠과 대비되는 크리스천 음악 즉,
팝·록 계열을 포함한 현대 대중음악 스타일을 띤 크리스천 음악(그
가사가 영어이든, 독일어이든, 불어이든, 우리말이든 상관없이)으로
좁게 지칭할 수 있고, 둘째, 본질적으로는 '주님의 말씀이 육화된 내
용을 지니면서 요즘 시대의 음악 흐름을 따라가는 음악'이라고 정리
할 수 있겠다.

2) 한국 교회는 CCM을 어떻게 인식하고 있는가?

우리 나라에서는 1960~1970년대부터 미국에서 당시 쓰이던 가스
펠 송, 가스펠 음악을 들여오면서 '복음성가'라는 말로 정착을 시켰
다. 하지만 '복음적인 내용을 담은 음악'으로서의 '복음성가'라는 말
이 '전통적인 교회음악이나 성가와 대비되는 대중적인 기독교 음악'
의 뜻으로 일반인의 인식이 바뀌었다. 그런데 후자의 인식이라면
CCM이란 용어가 더 적합하지 않은가 해서 1980년대 말부터 CCM
이란 말이 쓰이기 시작했다. CCM을 마땅히 번역할 말이 없어서 재
즈, 팝, 록 등을 그대로 쓰듯이 CCM도 그대로 쓰이게 되었다. 그러
나 아직 혼돈이 많다. 미국에서 들어온 말이라 그런지 처음엔 '외국

의 대중적인 크리스천 음악'을 CCM이라고 생각하더니, 조금 지나서
는 '가요와 비슷한 스타일'을 지닌 복음성가를 CCM이라고 여기는
경향이 많았다. 그래서 스타일 상으로 가요와 진배없는 것이거나 비
트가 빠르고 록적인 분위기가 강한 것은 CCM이고 '경배와 찬양' 스
타일의 선율적인 것은 복음성가라는 웃지 못할 구분도 생겨났다. 요
즘 와서는 아예 복음성가는 중장년층의 음악인 것처럼, CCM은 젊
은 층의 음악인 것처럼 생각하는 경향도 생겨났다.

그러나 한국 교회의 일반적인 사람들은 CCM을 '가요 같은 복음
성가'로 인식하는 것 같다. 같은 곡이라도 편곡을 잘해서 영감을 주
는 분위기로 만들면 CCM이 아니고, 요즘 가요처럼 편곡하면 CCM
이라고 얘기하는 일이 벌어지는 것이다. 다시 말하면 한국 교회의
CCM에 대한 일반 인식의 초점은 형식적인 면에 맞춰져 있다는 것
이다. 악기, 비트, 일반 음악 모방, 관련 음악인의 외양이 CCM 구분
기준으로 사용되고 있는 것이다. 그런 외양은 '세속적'이라고 구분해
왔던 일반 가요와 같았고 결국 CCM이 가요 같다는 인식은 부정적
인 견해를 낳게 되었다.

3. CCM과 한국 교회음악

1) 한국 교회음악의 현실

우리 나라에 기독교가 전래된 이후 한국 교회의 모범 음악은 서양
음악이었다. 우리 나라에 복음을 들고 온 선교사들은 그들의 음악

문화를 그대로 갖고 들어왔고 그것이 복음과 결부되었기 때문에 우리 나라 교회음악의 전형은 서양음악으로 서 버린 것이다. 미국의 남북 장로교, 남북 감리교 등 개신교 단체에서는 우리 나라에 복음을 전할 때 본국 교회의 전통 음악 문화를 고집했다. 더군다나 개화기 이후 서양음악을 기본틀로 받아들인 우리 나라는 일제 강점 시기와 해방 이후 미군 주둔을 거치면서 서양음악은 의심의 여지 없이 확고한 자리를 잡고 말았다. 유럽이나 미국으로 유학을 갔다 온 목회자나 음악인들은 서양음악의 전형을 우리 교회에 그대로 옮겨 놓았고 고착화했다. 한국 교회 예배음악은 그 이후 배타적으로 닫혀 있게 되었다. 한국 교회의 노래들은 대부분 4성부 합창 스타일, 장단조 조성의 3화음적 어휘, 일정한 악구 배열, 장절식 구조를 벗어나지 않았다(이건용, 『한국 음악의 논리와 윤리』, 세광음악출판사, 1994, 180쪽). 이런 스타일을 벗어나면 뭔가 순수하지 못하고 정통이 아니라는 느낌을 받게 된 것이다.

사실 서양을 통해서 받아들인 것은 기독교이지 그 교회 문화가 아닌데 그 문화를 기독교 본래의 것으로 생각하는 경향이 자리잡은 것이다. 그래서 교회음악의 기준은 유럽 전통의 음악이 되었다.

그런데 아이러니컬하게도 우리 나라 예배음악은 사실상 정형화된 것이 없다. 우리 나라 교회음악에서 가장 큰 비중을 차지하고 있는 회중 찬송과 성가대 음악을 보면 그레고리오 성가, 오페라 서곡, 민요, 오페레타, 국가, 미국의 가스펠, 요즘의 복음성가까지 망라되어 있다. 따라서 한국 교회에서는 음악이 일정한 전형을 갖추면 그 안에서는 열려 있는, 이중적인 모습을 보이고 있는 것이다.

2) 한국 교회에서의 CCM 사용 현실

결론적으로 CCM은 이미 한국 교회의 예배에서 자주 사용되고 있다. CCM의 정의를 '주님의 말씀이 육화된 내용을 지니면서 요즘 시대의 음악 흐름을 따라가는 음악'이라고 내리고 인식하는 범위에서 그렇다. 이런 면에서는 CCM이 예배에 쓰일 수 있다 없다의 논란이 거의 없는 셈이다. 우리 찬송가가 예배에 적합하지 않은 곡을 더 많이 수록하고 있다는 지적이 있고, 또 예배에 사용할 음악은 그 가사나 곡을 잘 구별하여 선택해야 한다는 주장도 있긴 하지만 이런 논란은 예배음악 확립의 기준이 언제, 어디에서 비롯되었느냐의 문제로 환원될 수 있기 때문에 대세에 지장을 주는 것은 아니다.

예배의 음악을 첫째, 예배의 목표나 정신을 고양시키고, 둘째, 예배 행위를 돕고, 셋째, 예배의 하나로 분류할 수 있다면 이미 CCM은 한국 교회에 밀접하게 적용되고 있다. 구체적으로 예배에서의 입례송, 성가대 찬양, 기도송, 봉헌송, 축도송, 회중 찬송 등 어느 부분에 적용될 수 있는가 없는가의 문제로 들어가도 이미 CCM은 한국 교회에서 쓰이고 있다. 예배에서는 입례송, 성가대 찬양, 봉헌송, 저녁 찬양예배 등에서 쓰이고 있고 교회학교나 각종 집회에서 쓰이고 있다.

빌 게이서(Bill Gaither)의 'Because He Lives', 마이클 W. 스미스(Michael W. Smith)의 'Great Is the Lord', 'How Majestic Is Your Name', 리치 멀린스(Rich Mullins)의 'Sing Your Praise to the Lord', 'Awesome God', 키스 그린(Keith Green)의 'There Is a Redeemer', 트와일라 파리스(Twila Paris)의 'Lamb of God', 마

이클 카드(Michael Card)의 'El Shaddai', 딕 터니(Dick Tunney)의 'O Magnify the Lord'…, 최덕신의 '여호와 우리 주여', '그 이름', 고형원의 '부흥' …. 이런 곡들은 이미 한국 교회 예배에서 일상화될 정도가 되었다.

근래 서울 종로의 낙원상가 악기점과 음향기기점의 주요 고객은 한국 교회였다. 드럼이나 신디사이저, 전기 기타 그리고 이들의 음악을 확성시키는 앰프와 스피커가 없는 교회가 별로 없을 정도다. 한국 교회가 거기서 사들인 것은 바로 대중적인 스타일의 음악을 연주하기 위해서였다.

그런데도 한국 교회의 CCM에 대한 부정적 인식은 밑바닥에 깔려 있다. 부정적 인식은 CCM의 개념의 두 가지 정리에 따라 두 가지로 나눠 볼 수 있다. 첫째, 악기를 비롯한 음악 스타일에 대해 세속적이라는 부정적 인식, 둘째, 음악의 내용이 예배음악에 쓰일 수 없다는 인식이다. 이런 인식은 기본적으로 교회 안에서 첫째, 서구 전형에 익숙해 있는, 개혁신학을 공부한 기성 세대인 교회 지도자, 둘째, 서구 음악 교육을 받아 클래식 음악의 전형을 갖고 있는 교회음악 지도자, 셋째, 교회 지도자의 음악에 대한 견해를 도그마처럼 받아들이는 일반 신자, 뉴에이지 음악이나 록 음악을 비판하는 견해에 영향을 받은 일반 신자들 사이에 일반화되어 있는 듯하다.

4. 컨템퍼러리 음악 수용의 역사

"교회는 거룩하고 순결한 장소로 세상과 세상의 오락과 구별되어야 한다. 그런데 어떻게 이런 세속적인 악기를 주님의 집에 들여오려 하는가?" 여기서 말하는 세속적인 악기란 전기 기타나 드럼이 아니었다. 신대륙 정착시 보스턴 브래틀 스트리트 교회(Brattle Street Church)에 설치된 오르간이었다(Steve Miller, *The Contemporary Christian Music Debate*, Tyndale House Publishers, 1993 p.141). 교회에 오르간을 설치하는 것도 혁명적인 것으로 받아들여지던 것이 오늘날엔 전기 기타나 드럼이 자연스럽게 강단에 등장하고 있다. 오늘날 전통적인 찬송가로 여겨지는 많은 곡들도 처음엔 세속적이라 해서 비난을 받았었다. 이와 비슷한 일들이 지금도 일어나고 있다. 과연 우리의 전통적인 찬송가의 기원은 무엇인가? 사람들은 역사적으로 이런 혁명적인 수용에 대해 어떻게 반응했는가? 오늘날에도 이런 혁명적인 수용이 일어나고 있는가? 새로운 형태의 찬송은 과연 필요한 것인가?

교회음악의 역사를 살펴보면 시대에 따라 음악에 대한 가치관이 변화했음을 알 수 있다. 한때는 죄악시되던 악기나 음악 형식이 시간이 흐르면서 교회의 대표적인 음악으로 자리잡은 일도 많았다. 그리스도의 진리는 영원 불변하지만 그것을 둘러싼 여러 가지 문화는 계속 변해 왔던 것이다. 그렇다면 영원 불변한 교회음악 형식은 따로 존재하지 않는다고도 말할 수 있겠다.

교회음악은 겉으로 보면 교회에서의 용도에 따라 사용되지만 궁극적으로는 주님의 말씀에 부응하는 음악이다. 주님의 말씀에 부응하는 음악은 교회의 목적에 부합된다. 이것이 제도적으로 되는 것은 아니다. 교회의 참 모습이 예배당 건물이 아니듯이 교회음악의 참 모습도 그 양식은 아닌 것이다. 그래서 기독교 음악의 역사는 기독교 문화의 변화로 바라볼 필요가 있다. 이런 맥락에서 CCM은 새로운 기독교 문화의 흐름이고, 기독교 음악 역사에서 새로운 음악 흐름이 교회음악으로 자리잡았듯이 CCM도 교회음악으로 정착되리라고 본다. 컨템퍼러리한 문화와 음악을 수용한 교회음악의 역사를 간단히 살펴보면 CCM의 정착 문제도 같은 선상에 있는 것으로 볼 수 있겠다.

· 1세기 무렵 교회음악은 세속적 음악 형태를 빌려 왔다. 대부분의 교회선법은 이교도인 그리이스 문명에 뿌리를 두었던 것이다. 성경도 그리이스어로 쓰여졌다.

· 그레고리오 성가가 집대성되기까지 교회음악은 큰 발전이 없었다. 제창으로, 무반주로, 남자만이 예배에서 노래가 허락되었다. 일단 그레고리오 성가가 교회에 뿌리내리자 '성스런' 스타일은 제한, 고착되었다. 결국 교회음악은 세상의 유행 음악과 격리되었고 평신도들은 예배음악에 참여하기가 어려웠다.

· 13세기가 되어서야 가톨릭 교회에 오르간이 겨우 수용되었다.

· 중세 교회음악인들은 증사화음(augmented fourth chord)을 악마의 것으로 여겼었다. 그러나 그 이후론 교회에서 이 화음이 광범위하게 쓰였다. 또 다른 시기엔 36화음(chord of the thirds and sixths)이 선정적이라고 해서 금지되었다. 나중엔 당김음 박자가 거부되었다. 랙타임 시대와의 연관성 때문이었다. 그러나 "주 예수 내 맘에 들어와 계신 후(Since Jesus Came into My Heart)" 같은 찬송은 당시 회의적인 사람들에겐 충격이었으나 오늘엔 전통 찬송으로 여겨진다.

· 루터는 음악을 신학 다음으로 놓았다. 교회 예배를 개혁했다. 교회
에서 음악을 한 차원 높였다. 그는 또 루트, 플루트 연주자였고 작
곡도 했다. 대중에게 쉽게 전달될 수 있도록 하기 위해 노래가 단
순하고 쉬운 언어로 쓰여져야 한다고 주장했다. 그 가사 모델로
당시 유행했던 발라드를 들었다. 곡조는 독일 민요, 대중의 노래,
메리 여왕 찬가도 빌렸다. 그는 곡의 독창성보다는 진리를 전하는
능력에 더 중점을 두었다. 그는 젊은이들을 위해 도움이 된다면
그 무엇이든지 소리나게 할 수 있는 만큼 다 소리나게 하겠다고
했다. "악마가 좋은 소리를 다 가져야 할 필요는 없다(The devil
has no need of all the good tunes for himself)." 대중음악을 악
마의 영역이라고 생각하여 기독교가 다 포기한다면 좋은 소리는
악마가 다 차지할 것이다.

· 그런가 하면 츠빙글리는 가톨릭과 연관된 악기를 반대했다.

· 칼빈은 예배에서 악기를 쓰는 것과 성부로 나뉘어 노래하는 것을
반대했다. 성경에 나오지 않는 가사도 금지했다. 많은 교회에서 오
르간이 파괴됐고 운율시편가(Metrical Psalms)가 100년 이상 지
배했다.

· 1562년 칼빈의 요청으로 제네바 시편가가 출판되고 유럽 전역으
로 퍼져 나갔다. 루이 부르조아(Louis Bougeois)는 허락 없이 시
편 곡조를 바꿨다고 해서 투옥되었다.

· 찬송(hymn)을 예배에 쓰느냐 하는 문제도 17세기의 중요한 관건
이었다. 17세기 말에야 매주 찬송을 부르게 됐지만 아직도 저항이
있었다.

· 아이작 와츠(Issac Watts)가 찬송을 많이 만들어 유포했는데도

영국에서는 19세기 초까지 여전히 시편가가 주도했다.

· 찰스 웨슬리(Charles Westley)는 대중적 오페라와 영국 민요에서 차용한 새로운 멜로디를 썼다.

· 미국의 가스펠 송도 미국의 포크 힘과 캠프미팅 송에 그 뿌리를 두고 내려왔고 그 모태는 영국의 세속 발라드와 춤곡 리듬의 바이얼린 곡조, 행진곡, 혼파이프 곡조 등이었다. 생키의 노래는 파퓰러 포크 찬송으로 평가된다. 생키가 썼던 리드 오르간도 파이프마다 악마가 있는 악기로 묘사되었다.

· 윌리엄 부스(William Booth)의 구세군도 여러 가지 악기를 수용했다. 부스 자신은 전통적인 감리교 곡조를 좋아했지만 대중을 위해서 세속 곡조를 사용했다. 쉬운 가사도 채용했다. 100년이 훨씬 더 지난 오늘날에도 볼 수 있는 구세군 밴드도 당시에는 혁명적이었다.

· 피아노의 경우에도 19세기에는 이 '세속 악기'를 쓰려 했던 교회는 거의 없었다. 18세기 모라비안 교회는 바이올린을 '악마의 제금'이라며 거부했다. 성례전 회복 운동이 일어나면서(1930~1960년) 교회는 역사적인 예배 형태에 새로운 관심을 보였는데 솔로싱어가 영광을 받을까봐 솔로이스트를 꺼려했다. 하지만 예전엔 합창을 로마 교회와 연관이 있다고 해서 거부하기도 했었다.

· 새로운 형태의 음악은 언제나 영적 부흥의 시기에 나타나곤 했다. 웨슬리 형제의 부흥, 미국 대각성 기간의 부흥운동에서 찬송과 가스펠 음악이 나왔듯이 1960년대 말, 1970년대 초 미국의 예수운동(Jesus Movement) 시기에 CCM이 태동되었다.

하나님은 무엇이든 사용하시지만 하나님을 예배하는 우리는 그 형식을 스스로 제한했고 또 우리 마음대로 고쳐 왔다. 중세 교회를 보면 수많은 사람들을 교회 예배에서 소외시켰다. 오늘날엔 서구 문화를 아시아와 아프리카에 이식하면서 원주민들을 소외시키고 있다. 칼빈 대학의 로마노프스키 교수는 미국의 예를 들면서 흑백의 문화 차이를 흑백의 우열로 판단한 백인들이 은연중에 음악에서도 서구 이외의 나라를 열등하게 보는 경향이 있다고 지적했다. 그런데 문제는 그 우월감이 곧 '거룩하다', '신성하다', '하나님 앞에 합당하다'라는 생각으로 이어진다는 것이다. 서구 전통의 고전적 음악 이외의 것은 '열등하며 따라서 예배에 맞지 않는다'라고 판단한다는 것이다.

교회음악의 컨템퍼러리 음악 수용의 역사를 보면서 과연 서구에서 온 음악 문화를 그 절대적 기준으로 삼아야 하는지, 그리고 기존의 전통적인 음악이 불변하는 교회음악 양식인지를 생각하면서 한국 교회에서의 CCM 수용 여부를 판단해야 할 것이다.

5. CCM의 교회 정착 요인들

1) 문화의 흐름

문화는 끊임없이 변하고 있다. 우리는 지금까지 축적된 고전의 전통에 요즘의 문화를 더해서 더욱 풍부한 문화를 향유하고 있다. 오케겜, 윌리엄 버드, 조스캥 데프레의 교회음악, 심지어 바하의 음악을 우리는 어떻게 듣고 있는가? 아마도 이들의 음악은 기독교인들보다는 비기독교인들인 클래식 음악 애호가들이 훨씬 더 많이 들을 것이다. 바하의 B단조 미사를 우리는 예배로 듣는 것보다는 오히려 음악감상의 하나로 듣는 경우가 더 많을 것이다. 한때는 확고한 예배음악으로, 그리고 불변하는 완성된 예배음악으로 여겨지던 음악을 우리는 CD로 '감상'하고 있지 않은가? 파이프마다 악마가 서려 있다고 여겨지던 오르간이 지금은 가장 경건한 악기의 대명사처럼 여겨지고 있지 않은가? 이를 보면 요즘의 음악도 자연스럽게 시대와 상황에 따라 새로운 예배음악으로 정착되리라는 것을 어느 정도 예견할 수 있다.

2) 교회의 대중문화 수용 변화

1997년 기독음반 기획사인 '시편미디어'와 '서울리서치'가 조사한 바에 따르면 교회에서의 대중문화 수용에 대해 찬성이 44.0%, 반대가 21.1%, 보통이 34.9%로 나타났다(서울 소재 교회에 다니는 12세 이상 60세 미만의 남녀 818명 대상). 이같은 결과는 대중적인 스타일이 교회에서 수용돼 가고 있음을 보여 준 것이다.

3) 테크놀러지의 발달

음악과 관련된 테크놀러지는 놀랄 만한 발전을 이루었다. 실제 연주와 악보로만 전달되던 음악이 레코드와 방송으로 제한 없이 전달되는 시대가 됐다. 요즘에는 인터넷을 통해 시간과 거리의 제한도 사라졌다. 전자악기의 등장도 큰 요인이다. 컴퓨터로 제어되는 음악은 전세계에 동일한 음악 체계를 가져다 주었고 누구나 손쉽게 음악을 만들고 연주할 수 있게 되었다. 우리 나라 교회를 돌아보면 과거에 주일학교에서 악보를 통해 교사가 전하던 음악이 이젠 카세트나 CD, PC통신의 음악 파일로 전해진다. 이에 따라서 새로운 음악이 훨씬 쉽고 빠르게 새로운 매체를 통해 전달되고 새로운 악기로 연주될 수 있게 되었다. 컨템퍼러리한 음악은 이 새로운 테크놀러지와 함께 온 것이다.

4) 멀티미디어 시대

교회는 이제 여러 가지 미디어를 활용하고 있다. 문서 출판에 의존하던 시대에서 벗어나 라디오, 텔리비전, 영화, 뮤직비디오, 전화, 인터넷 등을 사용하고 있다. 이렇게 복합적인 매체를 사용할 때에는 이미 만들어진 음악을 적극 활용하게 된다. 이미 만들어진(packaged) 음악은 새로운 테크놀러지를 이용한 것이 많다. 컨템퍼러리한 음악은 이러한 멀티미디어에 적합한 스타일인 것이다.

5) 문화 산업의 체계화

기독교 문화와 관련된 산업은 컨템퍼러리한 음악을 상품화해서 문화로 제공한다. 예를 들어 새롭게 만들어진 절기 음악(성탄절, 부활절 등)을 악보와 음반으로 만들어 교회에 제공한다. 또 기독교인의 향유 문화로도 인식되고 있는 CCM을 음반화하여 기독교인들에게 제공한다. 기독교인을 위한 공연에서도 새로운 음악이 만들어져 제공된다. 문화 산업은 새로운 아이템을 필요로 하고 컨템퍼러리 음악은 그 좋은 아이템이 된다.

6) 젊은 세대, 미래 세대에 대한 전략

교회는 미래를 짊어지고 갈 젊은이들을 교회로 인도하기 위한 전략이 필요하다. 그리스도의 진리가 약동하는 젊은 세대에게 잘 전달되어 그들이 미래에도 그 말씀에 따라 살고 세상에 빛을 전할 수 있도록 하는 방법이 필요하다. 컨템퍼러리 음악은 그 방법의 하나이다.

6. CCM의 교회 정착 사례들

우리 나라에서 CCM은 대체로 뚜렷한 인식이 없는 가운데서 사용되고 있는 경우가 많다. CCM 사용을 반대하는 목회자들의 교회에서조차도 CCM이 사용되고 있는 경우가 그런 예이다. 팝이나 록 스타일의 크리스천 음악을 반대하면서도 트로트 스타일의 크리스천 음악은 허용하는 경우도 있다. 그러니까 한국 교회는 알게 모르게 거의 대부분의 교회에서 CCM을 수용하고 있는 것이다. 하지만 의식적으로 CCM을 하나의 새로운 흐름으로 받아들여서 사용하고 있는 사례들은 많다.

1) 경배와 찬양(Praise & Worship)

한국 교회에서 유행되다시피 했던 저녁 찬양 모임이 그 대표적인
예이다. '경배와 찬양'(praise & worship)으로 널리 알려져 있는 이
런 모임은 미국과 영국을 중심으로 한 예배 모임을 우리 나라에서
수용한 것이다. 목요 찬양, 화요 찬양 등의 이름으로 모이는 이런 집
회는 대부분이 컨템퍼러리한 스타일의 프레이즈 송으로 이뤄지는
예배이다. 이런 운동에 대해 여러 가지 논란이 제기되고 있기도 하
지만 여기서 불려지는 노래는 주일학교에서 그대로 불려지고 있고
주일예배까지 적용되고 있는 것이 현실이므로 어쨌든 CCM은 한
국 교회에서 큰 부분을 차지하고 있는 것이다. '경배와 찬양'과 CCM
은 다르다고 얘기하는 이들도 있는데, '경배와 찬양'은 말 그대로 그
내용을 지칭하는 것으로 얼마든지 그 스타일에서 CCM이라고 할 수
있는 음악인 것이다.

2) 떼제 공동체의 음악

프랑스 남부 지역에 있는 떼제 공동체는 그 음악으로도 널리 알려
져 있다. 떼제의 음악은 유럽의 교회뿐만 아니라 우리 나라 교회에
서도 부르고 있는 빈도가 늘어나고 있다. 떼제의 음악은 초기(1950,
1960년대)엔 라틴어에 오르간 반주로 수사들이 불렀지만, 80년대에
들어서서는 기타, 플루트, 트롬본 등이 가미되어 공동체 순례자들과
함께 불렀고, 최근엔 미국, 영국의 '프레이즈 앤 워십' 스타일의 반주
로 변화되어 록 스타일까지도 받아들였다.

3) 미국의 사례들

(1) 세컨드 뱁티스트 교회(2nd Baptist Church; 텍사스 주 휴스턴) : 주일밤 예배는 컨템퍼러리 프레이즈 중심이다. 기타, 키보드, 금관악기, 드럼 등으로 연주되고 찬송도 컨템퍼러리한 스타일로 연주된다. 스크린에 가사가 나오기 때문에 손으로도 음악적인 표현을 할 수 있다. 삼일밤에는 고교생, 대학생을 대상으로 한 솔리드 록(Solid Rock) 선교 모임이 열린다. 여기서는 밴드가 등장한다. 유명한 크리스천 가수들의 초청 공연도 있다. 예배의 시작과 끝에는 CCM 뮤직비디오가 상영된다.

(2) 이스트사이드 포퀘어 교회(Eastside Fourquare Church; 워싱턴 주 커클랜드) : 이 교회는 그 지역에서 가장 호응도가 높은 음악 스타일을 조사하여 선교에 사용한다. 그 효과에 대해 지속적으로 평가하고 수준을 높여 간다. 토요일 밤과 주일 아침 예배는 비신자들을 위해 맞춰진다. 예배를 시작할 때에는 제임스 테일러(James Taylor; 포크, 컨트리 가수)의 노래 같은 곡을 연주해서 방문자들에게 친숙한 분위기를 만든다. 컨템퍼러리한 스타일로 편곡된 찬송이 한 곡 이어지고 워십코러스가 이어진다. 드럼, 베이스, 기타, 키보드 연주자들이 연주를 이끈다. 이따금 일반 히트 곡을 차용해 가사를 바꿔 부르기도 한다.

(3) 윌로우 크리크 교회(Willow Creek Church; 일리노이 주 배링턴) : 비신자들을 대상으로 토요일 밤과 주일 아침에 각각 두 번씩

있는 구도자의 예배 시간이 있다. 이 예배에는 한 달에 두 주는 현악기, 목관악기, 금관악기, 피아노, 신디사이저, 퍼커션으로 이뤄진 오케스트라가 쓰여지고, 두 주는 전기 기타, 베이스, 드럼, 신디사이저 등이 쓰여진다(Steve Miller, 앞의 책, 220-224쪽).

4) 가톨릭 교회

가톨릭 교회에서도 대중적인 미사가 만들어지고 있다. 1962년부터 열린 제2차 바티칸 공회에서 미사에 라틴어가 아닌 다른 언어를 사용할 수 있도록 했고 음악에서도 미사에 새로운 형태의 음악을 허용했다. 그래서 개인의 예배음악 창작이 늘어났다. 그 결과 미국에서는 1964년 레이 렙(Ray Repp)이 첫 포크 미사인 "미국의 젊은이를 위한 미사"를 썼다. 이후 포크 스타일의 예전이 나오기 시작했다. 케냐 민속음악을 바탕으로 한 미사곡 "미사 루바", 아르헨티나 민속음악을 바탕으로 한 "미사 크리올라", 우리 민요를 바탕으로 한 "인천미사" 등도 이런 맥락에서 나온 것이다. 우리 나라에서도 최근 한국의 생활성가를 바탕으로 한 창작 미사가 등장했다. 가톨릭의 이런 움직임은 개신교와 상호 영향을 주고받은 것으로 평가된다.

7. CCM의 한국 교회 정착의 앞날

부정적 인식이 한국 교회에 깔려 있긴 하지만 한국 교회 안에서 컨템퍼러리 음악은 점차 그 자리를 넓혀 갈 것이 틀림없다. 그렇다고 해서 컨템퍼러리 음악을 무비판적으로, 급진적으로 수용할 수는 없을 것이다. 특정한 교회와 특정한 사람들에 의해서만 수용될 수도 없을 것이다. 컨템퍼러리 음악은 그에 연관된 여러 가지 상황과 문제를 충분히 고려하여 잘 수용하고 정착시켜야 할 것이다.

1) 문화의 제도화

"독창에 맞는 스타일이라서 교회음악의 주류인 합창에 어울리지 않는다. … 장식음이 너무 많아서 기교에 치우치다 보면 본래 목적과 어긋날 위험이 있다. … 악구가 너무 늘어진다, 리듬 변화가 너무 빠르다 …." 이 때문에 CCM이 교회음악으로는 맞지 않는다는 여러 가지 문제가 제기되고 있지만 이는 결국 편곡의 문제, 음악 해석의 문제로서 음악적으로 해결할 수 있는 문제라고 본다. 그런데 이런 문제들이 종종 '취향의 제도화'로 잘못 결정되는 일이 있다. 교회의 지도자나 오피니언 리더들의 취향으로 기준을 정해 버리는 일이 있다는 것이다.

교회에서 새로운 스타일의 음악을 수용할 때 그 기준은 무엇인가? 교회의 법인가, 성경 구절인가, 신학 이론인가, 음악 이론인가? 새로운 음악 스타일은 문화라는 외피를 입고 온다. 그 옷을 입고 있는 실체는 불변하는 말씀이므로 우리는 그 옷을 가지고 판단할 수밖에 없다. 그런데 그 옷을 수용할 것인지 말 것인지를 법으로 정할 수 없다. 문화를 엄격한 제도로 만들 수는 없는 것이다. 결국 이 문제는 교회 공동체의 문제로 귀결된다. 교회 공동체가 합의해서 수용 여부를 결정할 수밖에 없는 것이다. 다만 그 컨센서스를 위해 올바른 정보와 인식을 심어 주는 것이 필요하다.

2) 찬송가 등 교회음악의 개정

인류의 문화는 언제나 변한다. 교회의 음악도 수천 년의 축적된 보고 위에 오늘의 음악이 덧붙여져서 변한다. 그래서 예배음악도 그 시대에 맞게 변하는 것이 필요하다. 그 토양의 하나로 컨템퍼러리 음악이 될 수 있다.

3) 문화와 음악 지도자 필요

교회 공동체의 문화 수용 태도는 각기 다를 것이다. 세대별, 계층별, 신앙 성숙도에 따라 이들에게 문화 충격을 주지 않고 새로운 문화를 접할 수 있도록 분별할 수 있는 지도자가 필요하다. 문화 변동의 흐름을 잘 읽고 반영하는 통찰력 있는 지도자가 필요하다.

4) 저작권

하나님을 찬양하는 데도 돈을 받는다? 앞으로는 음악 저작권 문제가 무풍지대로만 여겨졌던 한국 교회음악계에 엄청난 변수로 등장할 것이다. 저작권을 엄격하게 관리하는 단체가 들어오고 있고, 젊은 층을 필두로 저작권에 대한 인식이 늘고 있다. 컨템퍼러리 음악은 저작권 문제와 밀접한 관련이 있다. 새로 만들어지는 음악은 거의가 다 저작권법의 적용을 받기 때문이다.

5) 새로운 CCM의 필요성

CCM에 대한 막연한 거부감의 대부분은 CCM이 세속 음악을 모방했다는 것에서 나온다. 이를 극복하기 위해서는 일반 음악과는 다른 음악이 필요하다. 미국에서 출발한 블랙 가스펠이나 프레이즈 송은 하나의 독특한 스타일이 되었다. 생키의 음악을 한국 교회의 주일예배에서 부르고 그레이엄 켄드릭의 워십 송이 전세계에 퍼져 나갔듯이 우리도 나름대로 독특한 스타일을 만들어 낼 필요가 있다. 영국의 작곡가 존 러터(John Rutter)의 곡은 우리 나라 교회에서도 자주 불린다. 그가 주로 미국에서 활동했기 때문에 그의 음악은 지극히 미국적이고 상업적이라는 평가를 받고 있지만 전통적인 교회음악과 컨템퍼러리한 음악의 가교를 잇고 있다고 생각된다. 전통음악과 새로운 스타일의 음악, 토착음악과 외래음악, 순수음악과 대중음악 사이에서 이런 가교 역할을 하는 음악들이 등장하면 교회 안에서 젊은 세대와 기성 세대를 공동체 안에서 하나가 되게 할 것이다. 한국 교회의 상황에 가장 적합하게 또 바람직하게 정착할 수 있는 컨템퍼러리 음악이 무엇인지를 찾아내고 발전시킬 몫은 한국 교회의 것이다.

대안적 기독교 영화를 꿈꾸며

유재희
창천교회 〈오픈 시네마〉 디렉터

1. '기독교 문화'에 대한 반성

일부 선교 단체와 청년대학부를 중심으로 80년대 중반에 일어난 '세계관 운동'은 한국의 젊은 그리스도인들로 하여금 삶의 다양한 영역을 '기독교적 세계관' 혹은 '성경적 관점'으로 조망하고 실천 가능한 대안을 찾아 내고자 하는 열정을 불러일으켰다. 이러한 흐름은 복음 전도라는 지상 명령을 최대의 과제로 삼는 반면 '세상 속에 있는 그리스도인들'로서 일상적인 삶을 어떻게 영위해 나아갈 것인지에 대한 가르침과 실천에는 상대적으로 무관심했던 한국 교회에 긍정적인 영향을 주었다.

창세기 1장 28절의 창조 명령은 사도행전 1장 8절의 지상 명령에 앞서 인류에게 부여된 보다 본질적인 사명으로 재발견되었고, 세계관 연구에 이은 문화관 연구의 확산, 기독교 문화 사역'의 등장과 음악, 연극, 영화 등 문화 예술 분야의 전문 사역자들의 배출 등이 그 열매로 나타났다. 그러나 기독교 문화 영역의 개발, 확산은 세속 문화와 기독교 문화를 철저하게 이원화하는 부정적 결과를 낳기도 했다. 일반적인 대중문화는 불신자들이 만들어 낸 세속적인 문화이며 그리스도인이 주체가 되어 창조한 기독교 문화, 즉 기독교 음악, 기독교 문학, 기독교 신문, 기독교 잡지, 기독교 영화 등은 거룩한 문화라는 생각이 은연중 교회 안에 확산되었다. 그리고 이러한 생각을 바탕으로 사이비 기독교 문화, 반기독교 문화, 세속적 문화에 대한 비판 작업이 그리스도인들의 일상적인 의식과 대화 속에서 진행되었다. 하지만 정직한 그리스도인이라면 통칭 '세속 문화'라고 하는 것과 비교할 만한 '거룩한 문화', '기독교 문화'가 과연 존재하는지 스스로 자문하지 않을 수 없을 것이다.

과연 대다수의 그리스도인들이 믿는 것처럼 '기독교적'이라는 수식어를 붙이는 문화적 산물들이 기술이나 물량 면에서는 세속 문화에 뒤지더라도 그 영적인 질 또는 진리성에 있어서만은 세속 문화와 뚜렷한 변별성을 가지는가? 그렇다면 가장 활발한 활동을 보이는 기독교 음악의 영역조차 현대 대중음악이 아닌 바하와 같은 과거의 대가들의 음악과 비교하더라도 그 질이나 내용의 전문성이 떨어지고 그 영성(?)도 선뜻 확신하기 어려운 현실을 어떻게 설명해야 할까? 또 비난받는 반기독교적, 세속적 영화는 많지만 그 대안이 되는 기독교 영화의 정체는 모호하기만 하다. 혹시 기존의 기독교 문화비평가들의 오류는 세속 문화에 대한 잘못된 비판보다는 '기독교 문화'에 대한 반성 없는 옹호와 성역화에 있는 것이 아닐까? 냉정히 판단해 보건대, 질과 물량을 떠나서 세속 문화에 대항하는 대항 문화(counter culture)이자 대안적 문화(alternative culture)로서 기독교 문화의 정체성은 빈약하기만 하다.

기독교가 진리이기 때문에 그것을 듣는 사람이 진정한 구원에 이르는 것이지 기독교인들의 변증술이 뛰어나거나 머릿수가 많기 때문에 기독교가 진리인 것은 아니다. 기독교 문화도 마찬가지다. 진정한 기독교 문화는 세속 문화가 결핍하고 있는 것을 치유해 주고, 진리를 선포함으로써 비진리를 전복시키는 대항, 대안 문화이다. 따라서 그리스도인들이나 겨우 보아 주고 들어 주는 것이 아닌 불신자들조차도 세속 문화의 대안으로서 기꺼이 인정하고 수용할 만한 것이어야 한다. 적어도 기독교인들이 세속 문화로부터 도피하고 스스로를 보호하고자 방어벽을 쌓고 그 안에서만 누리는 폐쇄적인 '자기끼리의 문화'여서는 안 된다.

우리가 애초에 문화 명령을 새롭게 발견했던 창세기 본문은 그리스도인과 비그리스도인의 구별 없이 모든 인류를 향한 것임을 상기하자. 창조 명령은 비록 타락으로 인해 왜곡되었으나 그것은 여전히 모든 인류에 의해 수행되고 있다. 예수 그리스도의 지상 명령은 창조 명령을 대신하거나 수정하는 것이 아니다. 그것은 창조 명령을 제대로 수행할 수 없는 타락한 인류를 죄로부터 구원하고 회복하는 유일한 길을 제시하는 것이다. 복음은 인류가 창조 명령을 올바로 수행하도록 재창조의 기초를 마련함으로써 문화 전반의 회복을 가능케 하였다.

기독교 문화란 복음을 통해 변화된 사람들이 창조하는 하나님 나라의 문화이며, 세상과 구별되지만 세상 속에서 빛이 되고 소금이 되는 본질을 나타내어 사람들로 하여금 그들 자신과 스스로 만들어 낸 문화가 결핍하고 있는 것이 무엇인가를 깨닫게 해 주는 것이다. 기독교 문화는 그것이 어떤 내용을 어떤 형식으로 담아 내든지 죄를 일깨우고 생명의 능력을 나타내는 복음에 뿌리박고 있는 것이며, 직간접적으로 예수 그리스도를 지시하는 것이다. 기독교 문화가 확장되고 성숙되는 것은 하나님 나라 그 자체의 성장과 맞물려 있다. 교회의 본분은 복음을 직접 증거하고 거듭난 심령들을 그리스도의 장성한 분량에 이르도록 가르치는 것이며, 이렇게 길러진 그리스도의 사람들이 각 영역에서 하나님께서 부여하신 달란트대로 창조 활동을 펼칠 때 하나님 나라의 삶을 반영하는 문화가 이 땅 위에 탄생하는 것이다.

하나님 나라의 문화는 본질적으로 세상의 재료와 소재들을 세속

문화와 공유하되 외형이 아닌 그 내적 질과 속성을 달리한다. 그것
은 그리스도인이 겉모습이 아닌 속사람이 변화를 겪는 것과 마찬가
지다. 또 문화란 인간이 만들어 내는 2차적 산물이므로 언제나 우리
의 인간적 자질의 영향하에 있다. 예컨대 성령 충만하다고 해서 영
화의 기본적 메커니즘도 모르고 영화를 만들 수 있는 것은 아니다.
불신자라 할지라도 능숙한 솜씨와 예술가적 통찰력으로 일반 계시
의 차원에서 하나님의 존재와 진리를 영화 속에 그릴 수 있다. 문화
운동, 나아가 기독교 영화 운동은 이같은 사실을 기초로 전략과 방
향을 설정해야 한다.

앞서 장황하게 기술한 기독교 문화에 대한 이해를 바탕으로 우리
시대의 '대안적 영화'로서 '기독교 영화'의 정체성을 확인하고 현실
적 실천 가능성을 탐구하는 것이 이 글의 목적이다.

이미 존재하는 것에 대한 논의가 아니라 존재해야 한다는 당위성
과 가능성을 기초로, 또 이미 진행되고 있는 긍정적인 상황들을 염
두에 두고 쓰여진 것이므로 이론과 비전 제시가 많은 반면 통계와
현실 분석이 빈약할 것이다. 하지만 그리스도인으로서 당신이 영화
에 '어떤' 관심을 갖고 있다면 이 글이 '영화를 구속한다'는 말을 구
체적으로 이해하는 작은 계기를 만들어 줄 것이다.

2. 영화란 무엇인가?

기독교적인 영화를 어떤 각도에서 접근하든지 영화와 기독교 두
가지 모두를 바르게 이해하는 것이 기본일 것이다. 기독교 진리에

대한 교육은 여러 방면에서 이루어지지만 일반적으로 '영화'라는 특별한 분야에 대해 알 기회는 별로 없으므로 여기서는 우선적으로 영화라는 매체에 대한 객관적 이해를 돕는 데 중점을 두었다.

영화란 무엇인가? 영화는 영화 카메라와 필름을 사용하여 만들어지고 영사기를 통해 스크린 위에 투사됨으로써 관객에게 그 최종적인 물질적 형태를 드러낸다. 그리고 관객은 스크린 위에 투사된 영상을 극장이라는 공적인 공간(사적인 공간이 될 수도 있다. 하지만 영사기와 스크린, 사운드 시설을 갖춘 공간이어야 한다)에서 보게 된다. 이것은 영화에 대한 지극히 물질적인 정의다. 하지만 다수의 영상 매체들과 영화를 구별하는 것은 카메라로 피사체를 촬영하여 독특한 형식과 주제를 담아 낸다는 것이 아니다. 카메라(가정용 캠코더에서 방송용 베타캠에 이르기까지)로 촬영한 이미지를 재현하는 모든 영상매체는 영화와 똑같이 재현의 형식과 내용을 갖고 있으며, 다른 방식으로 이미지 재료를 취하고 조작하는 컴퓨터 역시 마찬가지다.

그러나 비디오나 TV 방송과 영화는 기본적인 물질적 조건과 제작 과정, 유통, 배급 구조에 있어서 분명히 다르다. 이와 같은 영화의 물질적 조건을 무시한 채 단순히 '영화'를 이미지로 포장된 추상적인 관념 덩어리로 다룰 경우 제기되는 질문은 한결같다. 영화의 이미지와 대사로 전달되는 내용들이 어떤 의미를 갖느냐는 것이다. 즉 최종적 생산물인 영화 텍스트에만 질문이 제한되기 마련이다. 그리고 그것들이 '우리에게 어떤 영향력을 미칠까'가 질문의 궁극적인 의도이다. 이 경우 영화는 단순히 <감독+영화 텍스트(혹은 상품 내지는 예술 작품)+관객>의 구도 속에서 이해된다. 동시에 개인의 창작품일 수만은 없는 영화의 산업적 특성은 간과된다. 영화 텍스트와 관객만을 직접적으로 연결짓는 관점에는 특정한 영화와 관객의 만남을 결정하는 복잡한 산업적 메커니즘에 대한 이해와 비판이 없다. 따라서 영화를 둘러싼 제작 메커니즘과 거기서 파생되는 구조적인 악순환을 해결할 수 있는 현실적인 대안도 나올 수 없다. 영화가 어떻게 만들어지는가? 영화는 어떤 방식으로 유통되는가? 다시 말해 우리가 최종적으로 만나는 영화들은 어떻게 선별되고 극장과 비디오 가게에서 팔리게 되는가? 이와 같은 영화의 제작 과정과 유통 구조에서 파생되는 결과는 무엇인가?

이런 질문들은 어떤 영화의 선정성과 과도한 폭력성이 순진한 관객을 잘못된 방향으로 인도할 가능성에 대해 다른 관점을 제공한다. 우리가 흔히 예로 드는 것처럼, 비디오나 영화를 보고 저지르는 모방 범죄는 엄격한 의미에서 '영화의 영향'이 아니다. 그것은 도서관에서 자신이 원하는 자료를 찾아 특정한 목적을 위해 참조하는 것처럼 범죄 주체자의 의지적이고 의도적인 행위이며, 윤리성 문제이다. 영화의 영향을 문제삼는다면 영화가 선정적이고 폭력적인 요소들을 관객 동원의 미끼로 사용하도록 유도하고, 이런 영화들을 관객에게 유통시키는 구조에 관심을 돌려야 할 것이다. '영화'라는 추상적인 단어에 뼈와 살을 입히는 것은 개인의 창작 활동만이 아니라 영화를 둘러싸고 있는 거대한 상업적 메커니즘이기 때문이다. 우리는 두 가지를 동시에 고민해야 한다. 영화가 만들어지고 관객에게 소통되는 현실적인 구조의 개혁과, 그것을 만들고 관람하는 사람들의 영적인 변화, 이 두 가지 중 어느 하나도 등한시해서는 안 된다.

3. 우리 시대의 '기독교 영화'란 무엇인가?

현재 극장에서 유통되는 영화들만이 관객에게 어떤 영향을 줄 수 있다. 그 중에서도 주류 상업영화들의 공통된 특성이야말로 영화가 일반 문화에 미치는 영향의 기저를 형성한다. 우리가 쉽게 전제하고 사용하는 '영화'−관념적이고 시대를 초월하는 의미를 가진−란 존재하지 않는다. 우리가 영화라는 단어를 사용할 때 거기에는 영화의 물질적 조건 외에 시대와 환경에 따라 달라지는 영화에 대한 체험이 포함된다. 따라서 우리의 영화에 대한 개념은 한국적 상황에서 얻어진 것이며, 자연히 역사적, 사회적 의미를 함축한다. 그런 의미에서 한국 영화 시장의 70~80%를 차지하는 할리우드 영화야말로 우리 사이에 통용되는 '영화'라는 말의 실체인지도 모른다. 굳이 시네마테크를 누비며 극장에서 상영되지 않는 영화를 찾아보거나, 영화를 전문적으로 연구하지 않는 한, '할리우드 영화+한국의 상업영화+기타 영화'들이 우리가 생각하는 영화일 것이다.

이 '영화' 앞에 '기독교'라는 단어를 붙였을 때 일어나는 개념의 혼란은 '기독교'라는 말의 내용과 우리 시대의 '영화'라는 말이 함축하는 내용의 차이만큼이나 광범위하다. 일반적으로 그리스도인들은 '피상적이고 감각적인 영화'(주류 상업영화와 민족적 정체성을 와해시키는 동시에 문화적 사대주의를 조장하는 할리우드 영화의 세속주의)를 구속하고 변혁시키는 힘으로서 '영화' 앞에 '기독교'라는 이름의 세례를 준다. 이들은 항상 물질적 의미의 영화(도구로서 영화)만을 애써 분리하고 취하여 기독교와 접붙이려 한다. 기존의 영화가 사용하는 테크놀로지와 인력, 스타일과 주제에 대한 극도의 회의와 터부는 일반적인 영화 역사를 무시한 채, 신학과 교회로부터 모든 것—신앙을 가진 감독, 배우, 스텝, 신앙적인 내용, 멋부리지 않은 소박한 형식—을 찾아 새로운 '기독교 영화'를 만들려는 시도로 몰고 간다. 한편 일각에서는 이런 생각을 기초로 제작된 초기 한국 기독교 영화들의 연이은 흥행 실패(기독교 대중조차 외면하는)와 제작 부진 현상을 두고 "세상이 너무 악해서 관객이 이런 영화는 보려 하지 않는다", "영화(산업)가 워낙 타락한 매체라 기독교적인 영화는 만들 수 없다", 따라서 "'영화'와 '기독교'는 본질적으로 결합될 수 없다"는 극단적인 결론을 내리기도 한다.

그러나 기존의 한국 기독교 영화들은 한결같이 신앙 간증담을 소재로 택하고 자본 투자와 연기, 제작 등이 모두 그리스도인들에 의해 이루어진 반면, 기획이나 홍보 전략을 세우는 데 있어서는 "교인들만 와서 봐도 된다" 혹은 "봐 줄 것이다" 하는 식의 안이한 태도를 취했다. 그러나 기독교적인 소재로 그리스도인들이 영화를 만들었다는 사실만으로 그리스도인 관객들을 극장으로 끌어들일 수 있다는 것은 지나치게 순진한 생각이다.

천만이나 되는 그리스도인들이 기독교적 소재를 다룬 영화라면 수준에 개의치 않고 극장에 와 준다면 충무로 영화인들은 종교를 떠나서 너도나도 '기독교 소재'를 영화화할 것이고, 교회에 출석하는 배우들은 그리스도인이라는 이유만으로 여기저기 바쁘게 불려다닐 것이다. 영화감독도 마찬가지다. 무조건 그리스도인이면 기독교를 잘 이해할 테니 영화를 맡기겠다고 제작자들이 달라붙을 것이다. 서울 관객 300만 명을 동원한 <쉬리>가 <타이타닉>의 흥행 성적을 앞지르는 쾌거를 이루었다고 난리들인데 천만 그리스도인들이 무조건 동원된다면 그야말로 기독교 영화의 르네상스가 도래하지 않겠는가 말이다. 그러나 현실은 그렇지 않다.

그리스도인 관객은 흥행 전략의 목표가 될 만큼 취향이 통일된 특정한 집단이 아니다. 이재용 감독의 <정사>가 30대 기혼 여성층을 대상으로 기획되었다는 것은 잘 알려진 사실이다. 제작사의 흥행 전략은 적중해서 <정사>를 보러 온 30만 명(서울 관객수)의 관객 중 대부분이 20대 후반 30대 주부들이었다. 개념과 내용이 일치하는 이상적인 그리스도인 관객들은 실제로는 존재하지 않는다. 그리스도인들과 일반 관객은 영화를 선별하는 데 있어서 거의 동일한 선택 기준과 취향을 보인다.

<이집트 왕자>는 성경 영화(bible film)라는 고전적인 할리우드 영화 장르에 속하지만 특별히 그리스도인 관객만 극장을 찾은 것은 아니다. 구약을 배경으로 한 흥미진진한 이야기와 탁월한 시각적 기술력 때문에 많은 비그리스도인들도 이 영화를 관람했다. 반면 한국 배급사인 하명중 영화사가 복음적인 영화라 별도의 비용을 들이지 않고 수입하여, 교회와 기독교 단체에 집중적으로 홍보했던 <사도>는 실망스러운 흥행 성적을 보이고 몇 주 만에 극장에서 사라졌다. 기독교적인 영화를 만들거나, 그런 영화가 반드시 있어야 한다고 주장하기 전에 우리는 다음의 두 가지 사실을 반드시 기억해야 한다.

첫째, 영화는 중립적 가치를 갖고 있지 않다. 카메라와 필름이 어떤 의미를 갖지 않을지라도 영화는 카메라와 필름, 그 자체가 아니므로 단순한 도구일 수 없다. 앞서 말했듯이 추상적인 '영화'는 존재하지 않는다. 영화는 영화 카메라나 필름만큼이나 십억 대를 넘어서는 거대한 자본을 필요로 한다. 십억이라면 회사 하나를 세울 수 있

는 돈이다. 당연히 아무나 영화를 만들 수 없다. 그러므로 캠코더를 가지고 '영화'를 만든다고 생각하는 사람들은 '영화'에 대하여 근본적으로 오해하고 있는 것이다.

영화는 투자와 생산, 이익 창출과 재생산의 메커니즘에 귀속된 하나의 산업이다. 자본의 성격이 영화의 특성을 결정하고, 아무리 창조적인 아이디어와 재능을 가진 감독이라도 자본의 요구(재생산을 용이하게 하는 '상업성')로부터 자유로울 수 없다. 중세의 화가와 건축가들이 자신이 원하는 것이 아닌 그들을 먹여 살리는 교회와 귀족의 요구에 따라 천정화를 그리고 성당을 건축했듯이 현대 영화 감독들은 자본주의라는 경제 제도 안에서 자본가의 지원으로만 자신의 재능을 발휘할 수 있다.

만일 그리스도인들이 모든 영화를 기독교화하고 싶다면 영화 산업의 구조를 바꿔야 하고 그 이전에 세상을 바꿔야 한다. 하지만 중세의 부활을 꿈꾸며 교회 스스로가 자본을 투자하여 기존의 영화 산업 구조-충무로나 할리우드-와 주도권 쟁탈전을 벌인다는 것은 무모한 일이다. 교회를 위협하는 것은 무엇이든 경쟁해서 이겨야 한다는 단순한 투쟁 논리로 자원을 낭비한다는 것은 '현실을 자세히 살피고 교회가 무엇을 해야 하는지 애써 고민하는 지난한 과정'을 열정으로 대체하는 영적 게으름이다. 앞서 말했듯이 교회의 역할은 영화를 만들고 구조를 바꾸는 것이 아니라 언제나 그러했듯 '사람'을 바꾸는 것이어야 한다. 그 변화된 사람들 가운데 영화를 만들고 고치고 세우는 데 부르심 받은 자들이 교회에 현실을 알리고 영적 지원을 받아 개혁의 사명을 감당해야 할 것이다.

둘째, 기독교 영화의 상업적 실패는 숙련된 예술적 기술의 실패임과 동시에 주류 영화에 대한 마이너리티(minority)의 실패이다. 미국 영화가 자본의 성격에 따라 할리우드 대 독립영화(independent film)로 나눠지는 것처럼 한국 영화도 충무로를 중심으로 제작되는 상업영화와 독립·단편 영화로 구분될 수 있다. 물론 미국의 독립영화가 경제적인 의미에서 '할리우드 메이저 영화사들의 자본으로부터 독립하여 만들어진 영화'를 의미하는 반면, 한국의 독립영화는 <파업전야>와 같이 정치적 지배계급에 항거하는 영화로부터 출발하여 정치적 의미가 더 강하다. 오히려 개인의 소규모 자본을 가지고 주로 16mm 필름(기존의 상업영화는 35mm로 만들어지며, 제작비 규모는 16mm에 비해 6~7배 상승된다)으로 만드는 '단편영화'가 미국의 인디영화(independent film의 약어)와 근사할 것이다. 그러나 우리 나라의 상황에서 정치적 독립은 곧 자본의 독립을 의미한다. 상업적 자본이 지배 권력을 비판하는 영화를 지원할 리가 없기 때문이다.

　이런 의미에서 '천만'이라는 수적 우세에도 불구하고 주류 시대 정신과 가치관에 압도당하는 기독교 역시 상업적 자본의 지원을 받을 가능성이 희박하다. 10억 대를 넘어서는 상업영화의 산업적 생리는 다수 대중이 지지하고 즐거워하는 아이디어만을 선호한다. 이것은 충무로 주류 영화 세계의 공리요, 생존 전략이다. 오늘날 기독교 진리가 교세와는 무관하게 그리스도인의 삶에서조차 무시되고 팽개쳐지고 있다는 사실은 정직한 사람이라면 누구나 뼈저리게 인식하고 있다. 이런 의미에서 기독교는 이 시대의 마이너리티이다. 그리고 간접적으로든 직접적으로든 기독교 진리를 영화 속에서 진지하게 다루고자 하는 모든 사람들은 영화판에서 이미 주류 상업영화와 가치관적으로 대치하는 대안(alternative) 세력이며 자본에 있어서는 독립영화 진영에 속한다.

4. 대안 영화로서 기독교 영화를 꿈꾸며

'기독교 영화가 무엇인가' 혹은 '무엇이어야 하는가'는 매스미디어
가 세상을 지배하면서 그리스도인들이 항상 고민해 온 화두이다. 일
반적 의미에서 기독교 영화란 종교 영화겠지만, 앞서 말했듯이 우리
에게 지금 필요한 건 일반적이고 추상적인 정의가 아니라 오늘, 여
기서 우리가 추구할 수 있는 '구체적인 정의'다. 기독교는 지금 여성
과 소수, 유색 인종, 동성애자들이 남성 중심주의와 백인 우월주의,
이성애자들을 상대로 대항 세력(counter part)을 형성하여 잘못된
편견과 거짓에 항거하여 스스로의 정체성을 주장하고 대안을 제시
하는 것처럼, 현대를 지배하고 있는 세속주의와 상대주의 가치관의
대항 세력이 되어야 한다.

이런 의미에서 기독교 영화는 주류 가치관의 비진리성에 대항하
여 대안을 제시하는 대안적 영화(alternative cinema)여야 할 것이
다. 싸우는 자가 전세와 전투 지역의 지형을 파악하고 전략을 수립
하듯, 한국의 상황에서 기독교 영화의 위치를 파악하고 전략을 갖추
는 것이 무엇보다 중요하다. 우리가 상업영화의 구조와 그 가치관에
대항한다면 그 방법은 상업영화처럼 대규모 자본을 모으고, 또 다른
충무로 시스템을 구축하는 것은 아닐 것이다. 우리는 정치적 자유를
위해 투쟁한 제3세계 영화들과 다큐멘터리, 예술영화로부터 많은 것
을 배워야 한다.

그들은 유사한 전투를 치러 왔고 한 번도 주류의 자리에 서지 못
하면서도 영화사에 뚜렷한 족적을 남겨 왔기 때문이다. 우리는 기
독교 진리의 우월성을 앞세워 실전에서 고민하며 투쟁해 온 비그리
스도인들의 성과를 과소평가하는 우를 범해서는 안 된다. 오히려
힘겹게 카메라를 들고 자기 정체성을 무너뜨리지 않고 믿는 바를
영화로 만들어 온 투쟁의 과정을 관찰하고 겸손히 배워야 한다. 기
독교 영화 스스로 세속적 자본과 그 가치관으로부터 '독립'을 선언
한다면 교회는 비영리적인 소규모 자본의 활성화와 독립적인 유통
구조 형성을 위해 정신적이고 물질적인 후원자로 나서야 한다. 물
론 이 부분에 있어서는 더 많은 지면과 구체적인 논의가 필요하며,
여기서는 교회가 영화 문화 변혁에 참여하는 하나의 사례로서 창천
교회 '문화쉼터'가 주최하는 <오픈 시네마>의 예를 소개하는 것으
로 만족해야 할 것 같다.

5. 대안적 문화의 전초기지로서 교회: 창천교회 문화쉼터의 경우

1) 비그리스도인들에게 열려진 영화마당 <오픈 시네마>

창천교회가 시작한 문화쉼터 운동은 대중문화를 신자, 비신자 구
별 없이 교회라는 한 공간에 모여 즐길 수 있도록 기획된 것이다. 문
화쉼터는 교회가 인적, 물적 주체가 되지만 프로그램의 내용이나 그
대상이 일반 대중문화에 비그리스도인이라는 점, 그 목적이 양질의
문화를 누리도록 터를 마련하는 것이지 전혀 복음 전도를 위한 것이

아니라는 점에서 기존의 기독교 문화 운동들과 구별된다. 이렇게 복음 전도라는 목적 없이 비그리스도인 이웃에게 그들의 취향에 맞는 대중문화를 거리낌없이 예배 공간 안에 수용한 예는 어디서도 찾아보기 힘들다. 그러나 놀라운 것은 그리스도인이 주체가 되고 교회라는 공간을 빌렸다는 것만으로 극장에서와 똑같은 영화를 보고 같은 노래를 들은 사람들이 교회에 관심을 돌린다는 사실이다. 실제로 창천교회 청년부에는 문화쉼터를 시작한 이후로 불신자 회원들이 두드러지게 증가하고 있다. 그 결과 기존의 회원들을 어떻게 보존하고 양육할까보다는 교회 문화에 낯선 새 신자들에게 어떻게 복음을 전하고 교회 문화에 자연스럽게 적응시킬까를 고민하게 되었다.

매월 첫째 목요일마다 진행되는 <열린 영화(Open Cinema)>는 문화쉼터의 프로그램 중 하나이며 매회 약 1,000명의 관객들이 와서 영화를 감상한다. 일반 장편 상업영화의 시사회와 단편영화를 묶어 상영함으로써 관객들이 다양한 영화보기의 경험을 가지도록 시도하였는데, 그간 상영한 단편영화에 대한 관객들의 반응은 의외로 긍정적이었다. 영화제 같은 특별한 기회가 아니면 평상시에 단편영화를 상영하는 극장은 거의 없다(최근 동숭 아트홀에서 "동숭 단편극장"을 시작하였다). 상업적 이윤을 통해 재생산을 위한 자본을 창출해야 하는 영화 산업의 특성상 상업성을 기대할 수 없는 단편영화의 제작과 유통은 지원이 어려운 까닭이다. 이런 상황에서 교회가 주체가 되어 재능 있는 영화 작가들의 작품과 1,000여 명의 대규모 관객이 서로 만날 수 있는 자리를 마련한다는 것은 중요한 의의를 갖는다. 즉 기독교 영화 운동이 적극적으로 세속 문화를 개혁한다는 측면에서도 그렇고, 일반 문화의 연약한 고리(상업적 영화만을 상영하는 유통, 배급 구조)를 교회가 주체적으로 나서서 보완한다는 점에서 일반 작가와 관객들에게도 의미 있는 일이다.

그러나 이렇게 섬김으로써 교회 스스로가 얻는 유익이 더 크다. 첫째, 대중을 섬기는 위치에서 지속적인 운동(문화쉼터의 경우 4년, 오픈 시네마는 1년)을 함으로써 일반 대중이 갖는 문화적 취향을 객관적으로 파악하게 되고, 둘째, 그 동안 이해가 부족했던 영화 창작자들과 직접 교제를 나누는 가운데 그들이 안고 있는 고충과 작업과정을 듣는 기회를 얻었다. 셋째, 관객으로서 그리스도인인 우리가 막연히 가졌던 편견을 극복하고 제한된 시각을 넓히는 직접적인 경험을 통해, 문화로서 영화를 어떻게 수용하고 창조해 내야 하는가를 올바른 방향에서 사고할 수 있는 기반을 마련할 수 있었다.

이 모든 체험은 항상 대중문화와 거리를 두고 '문화적 후위'라는 열등감에 시달리던 교회가 '두려운 그것'을 과감히 끌어안음으로써 되려 교회의 고유한 역할이 무엇인가를 발견하는 놀라운 변화를 맛보게 하였다.

2) 복음의 가교를 잇는 영화

상업영화를 예배당에서, 일반 관객에게, 몇 년에 걸쳐 수억 원의 예산을 투자하며 보여 주는 일은 복음 전도를 목적으로 하지 않는다는 문화쉼터 본래의 취지를 뛰어넘어 전혀 예상치 못한 결과를 낳았다. 문화쉼터가 나눈 것이 대가를 바라지 않는 순수한 나눔과 건전한 문화의 확대를 바라는 마음이었다면, 이에 대한 일반 대중의 반응은 "교회도 이런 일을 하는가?", "교회라는 공간도 나와 분리된 것이 아니구나", "교회에 올 기회가 전혀 없었는데 이 기회에 교회에 한번 와 볼까?" 등의 교회 자체에 대한 순수한 호기심과 호감이었다. 이같은 반응은 일 년에 한 번 불신자 초청의 날을 일부러 정하고 그 때만 '불신자'라는 이름표를 붙여 구별된 사람들로 환영 파티를 마련하는 전도 프로그램을 통해서는 기대할 수 없는 것이다. '누구나' 올 수 있다고 외쳐도 교회에 대한 평소의 선입관 때문에 일반인들은 쉽게 교회에 발을 들여놓지 않는다. 하지만 1년, 2년 꾸준히 같은 날 같은 장소에서 똑같은 일을 계속하는 동안 교회에 대한 대중의 인식이 차차 달라졌다. 매주 목요일 저녁에는 교회가 아니라 영화를 즐기기 위해 갈 수 있는 문화공간이라는 사실을 관객들이 받아들이게 된 것이다. 여기에는 여러 가지 시행 착오와 축적된 경험, 교회 내에서의 의견 대립을 조정하는 과정, 꾸준한 인적, 물적 자원의 지원이 뒷받침되어 있다. 순수한 비전, 지속성, 비전을 이루기 위해 대가를 지불하는 헌신이 열매를 맺은 것이다.

만일 영화를 통해서 복음을 전하겠다고 생각했다면 <오픈 시네마>는 지속성을 갖기 어려웠을 것이다. 복음을 다루는 영화가 거의 없다는 것이 첫번째 이유이고, 둘째 소수의 그리스도인들만이 고정 관객으로 참여했을 것이기 때문이다. 대중문화는 그리스도인을 포괄하지만 기독교 문화는 거듭난 그리스도인들만이 진정으로 누릴 수 있는 것이다. 영화를 직접적인 전도의 도구로 여기지 않고 대중이 편하게 즐길 수 있는 문화로 인정하고 교회가 포용하였을 때 영화 그것을 사용한 주체가 교회였기 때문에 복음의 가교 역할을 할 수 있었다. 교회는 대중에게 한 발 다가가 영화라는 선물을 주었고 선물을 받은 대중은 고마움으로 선물을 준 이에게 관심을 갖게 된 것이다.

그리고 교회에 대한 열린 마음은 바로 복음을 들을 수 있는 기회에 가까이 다가섬을 의미한다. 복음 전도의 기능을 담당할 수 있는 영화도 있다. 그러나 그것이 영화의 본래 기능은 아니다. 복음 전도의 책임은 어디까지나 교회에 있는 것이다.

3) 교회가 영화를 거듭나게 하는 길

<오픈 시네마>를 운영하는 가운데 '교회가 좋은 영화를 창작하기 위해 어떤 형태로 참여할 수 있는가'에 대해서도 일련의 사고의 전환이 있었다. 지난해 말 <오픈 시네마>에서는 자체적으로 다시 단편영화를 제작하는 3명의 감독들에게 적으나마 제작비를 지원, 직접 제작자를 돕는 동역자 정신을 실천할 수 있었다. 물론 이들 감독 모두가 그리스도인은 아니었으며 다만 진지한 문제 의식을 지닌 재능 있는 작가였다. 그러나 교회가 그들의 짐을 나눈다는 그 자체로 그들에게 미친 교회의 영향력은 적지 않을 것이다. 비록 교회가 준 것은 그들에 대한 관심과 적은 물질이었지만 그들은 교회에 대해 열린 마음을 갖게 되었고, 이것은 그들의 삶과 작품에 간접적으로나마 영향을 줄 것이다.

나눔과 교제가 문화를 바꿀 수 있는 가능성, 복음이 문화를 변혁시킬 수 있는 가능성은 바로 이런 관계에서 나오는 것이다. 무턱대고 교회나 그리스도인 자본가가 직접 제작에 뛰어들어 인력이나 자본을 소모하고 전문성과 안목이 뒤떨어진 영화를 만드는 것보다, 이미 텔런트와 소명을 가지고 영화에 헌신하고 있는 이들에게 다가가 교제를 나눔으로써 현실 문화에 대한 구체적 이해를 얻는 반면 그들

에게는 영화에 대한 진실한 이해를 동반하는 물질적, 영적 도움을 줌으로써 교회와 일반 대중문화의 생산 주체들 간에 인격적 유대를 갖는 것이 더 바람직할 것이다. 복음과 재능을 맞바꾸는 것이 아니라 복음의 능력을 재능 있는 이들에게 부어 주어 새로운 심령으로 거듭나게 하는 일이 교회가 세속 문화를 변혁시킨다는 것의 참뜻이다. 결국 문화는 인간의 변화를 동반하지 않고는 변화될 수 없기 때문이다.

기독교적인 영화 몇 편을 아무리 영화 속에 섞어 놓아도 대다수의 작가들과 일반 대중이 복음에 대해 열려 있지 않다면 문화의 큰 흐름은 바뀌지 않고 세상 사람들이 세속 문화를 가지듯 우리 그리스도인들도 우리의, 우리를 위한 구별된 우리 문화를 가지려는 노력에 불과하다. 교회가 사람을 만들고, 그 사람들이 영화를 만드는 것, 그것이 교회가 좋은 영화를 만드는 최선의 길이다.

기독교 대중문화 산업과 문화 생산자 운동

정재후

'문화선교연구원' 책임연구원

1. 들어가는 글

현대는 대중문화의 시대라 불릴 만큼 그 어느 때보다도 대중문화의 영향력이 커져 가고 있다. 무한적인 자율경쟁을 지향하는 시장경제의 압도적인 승리에 발맞추어 매스미디어가 급속히 발달하였고 그 매스미디어를 통해 창출되는 문화 상품들이 홍수를 이루게 되었다. 이런 흐름 속에서 우리 나라의 경우도 80년대 말부터는 재벌 그룹들조차 문화 산업의 부가가치를 높이 평가하여 대중문화 산업에 뛰어들고 있는 현실이다.

대중문화 산업이 얼마나 어마어마하게 성장하고 있는지 먼저 세계와 우리 나라의 문화 산업 통계를 보자.

1997년치 추정 매출액

구 분	출판	영화	애니메이션	음반	비디오
국내(억원)	25,800	2,384	3,170	4,160	3,000
세계(억불)	801	615	736	381	543

구 분	게임	신문	방송	광고	캐릭터
국내(억원)	5,500	26,630	36,343	53,769	5,000
세계(억불)	1,100	849	1,452	추정불가	800

국내 총계: 16조 5,756억 원

세계 총계: (광고를 2,000억 불로 잡았을 때) 9,277억 불(한화: 약 1,200조 원)

출처: <통계로 보는 문화 산업> (문화관광부, 1998)

　유감스럽게도 기독교 대중문화 산업은 통계 자료를 찾을 수 없었다. 아직 서점과 기독교 백화점의 전산망이 이루어지지 않아 집계가 불가능하다는 것이다. 그만큼 낙후되어 있고 매출액 규모가 작다는 뜻이다. 다만 추정치만 가능할 뿐이다. 그나마 위의 여러 장르 가운데 출판과 음반만이 일반 국내 산업의 1~2% 정도를 차지하고 있고 나머지는 불모지의 상태라고 한다. (필자가 자문을 구했던 어떤 기독교 문화 산업 종사자는 이렇게 허탈하게 말했다 "기독교요? 통계도 불가능하고 통계 낼 것도 없죠. 많이 팔리는 물건이 있어야죠 뭐.")

　교회는 흔히 세상과는 분리된 공동체로 생각되기 쉽다. 세상은 속되고 교회는 거룩하다는 이원론적 세계관은 기독교적인 것이라기보다는 이교도(특히 페르시아의 배화교, 헬라의 이원론, 헬라 철학의 영향을 받은 중세 로마 가톨릭의 이원론) 전통에서 형성된 것이다. 교회를 다스리는 선신과 세상을 다스리는 악신이 따로 존재하지 않는다. 우주의 하나님은 한 분이시요, 우주는 한 분 하나님에 의하여 창조되었다. "만물이 그에게 창조되되 하늘과 땅에서 보이는 것들과 혹은 보좌들이나 주관들이나 정사들이나 권세들이나 만물이 다 그로 말미암고 그를 위하여 창조되었고 또한 그가 만물보다 먼저 계시고 만물이 그 안에 함께 섰느니라"(골 1:16-17). 또한 하나님은 세상을 저주하기 위해서가 아니라 사랑하기 위하여 이 땅에 오셨음을 기억하자(요 1:14, 요 3:16).

　대중문화 산업은 대중의 가치관에 커다란 영향을 주는 문화 상품들을 생산해 내는 산업을 통칭한다. 그렇다면 대중문화 산업의 건전성이 대중들의 가치관의 건전성에 긴밀한 연관을 갖는다는 뜻인데, 교회에서는 그 분야에 대한 의미 부여를 어떻게 하고 있는가? 아마 본 소고가 최초의 공식적인 문제 제기인지도 모르겠다. 무관심 내지는 다음과 같은 냉소가 전반에 깔려 있는 것은 아닐까?

"어차피 세상과 교회는 상관없는 것이니 그들 맘대로 놔 두어라. 세상이 악하지 않은 적이 있었나? 그것을 고치려 하는 것은 계란으로 바위를 치는 것과 같지. 어차피 우리 교회만 튼튼하면 되는 것 아닌가?"

그 동안 교계 지도자들과 교계 전체는 대중문화에 대하여 나름대로의 관심이야 있었겠지만, 결과적으로 적극적이고도 적절한 대응을 하지 못한 것 같다.

2. 대중문화 산업을 보는 시각

대중문화 산업을 보는 시각을 물론 긍정이냐 부정이냐로 양자택일 할 필요는 없다고 본다. 우리(교회)가 대중문화 산업에 대한 관심을 가져야 할 당위성은 대중문화의 영향력 때문이다. 특별히 대중매체를 통하여 대량 생산되고 대량 유통되는 현대 문화의 특성을 고려한다면 대중문화 산업이 생산해 내는 무수한 상품들은 이미 현대인들의 삶에 가장 큰 영향을 주는 요소가 되어 버렸다. 더욱 문제가 되는 것은 매스미디어를 통하여 생산되는 여러 프로그램과 광고들을 통한 이미지들은 소비자들의 의식은 물론 삶의 현실을 왜곡할 수도 있다는 점이다.

삶의 실재(reality)는 괴로움과 비참함이 가득한데도 풍요롭고 즐거운 사람들의 이야기만을 담은 드라마가 방영될 수도 있고, 대부분의 시민들이 구매할 수 없는 물건임에도 연일 대부분의 시민들이 보고 있는 매체를 통하여 소비 욕구를 자극하는 광고가 나올 수도 있다는 것이다.

삶의 현실성을 무시한 채 대중매체를 통하여 전달되는 메시지들에 대한 경고는 이미 스코니아(Harry Skonia) 교수가 한 바 있다.

오늘날 우리가 사는 이 세계는 글자 그대로 지구상 어느 곳에서고 우리가 가난, 굶주림, 비참에 더 이상 무관심할 수 없는 하나의 세계 아닌가? 반면에 낭비, 방탕, 폭력, 사치를 떠들썩하게 보여주는 우리의 프로그램들은 굶주려 죽어 가는 사람들에게 어떤 영향을 주고 있는가?[1]

'문화 산업'이란 용어를 이론적인 차원에서 처음 사용하고 체계화한 사람은 프랑크푸르트 학파의 창시자인 호르크하이머와 아도르노이다. 우리 나라에서 사용되고 있는 문화 산업이란 용어도 원래 독일어였던 것이 영어로 번역된 호르크하이머의 용어를 따른 것이다.

프랑크푸르트 학파는 대중문화 산업을 매우 부정적으로 이해하고 있다. 그 가장 큰 이유는 문화 산업에서 대량으로 생산해 내는 문화

---

1) Harry J. Skornia, *TV and Society*(New York: MacGraw Hill, 1965), p.191. 윌리엄 포어, 신경혜 · 홍경원 역, 『매스미디어 시대의 복음과 문화』(대한기독교서회), 178쪽에서 재인용.

상품들이 대중들을 기만하고 주체적인 사고를 빼앗는다고 생각했기 때문이다.

사람들의 여가 시간은 문화 산업이 제공하는 획일적인 생산물로 채워질 수밖에 없다. 칸트의 도식이 감각적인 다양성을 근본 개념과 연관지을 수 있는 능력을 주체에게서 기대했다면 산업은 주체로부터 그러한 능력을 빼앗아 간다. 고객에 대한 산업의 가장 큰 봉사는 그러한 틈짜기를 고객을 위해 (문화 산업) 자신이 떠맡는 것이다.2)

또한 대량으로 복제되는 문화 상품들은 대중들을 획일화하고 비판력을 잃어버리게 만든다고 지적하고 있다. 심지어는 대중들의 기호를 조작하고 욕구를 능란하게 다룬다고 고발한다.

문화 산업의 위치가 확고해지면 확고해질수록 문화 산업은 소비자의 욕구를 더욱 더 능란하게 다룰 수 있게 된다. 문화 산업은 소비자의 욕구를 만들어 내고 조종하고 교육시키며, 심지어는 재미를 몰수할 수도 있다. ─대중들이 즐긴다는 것이 의미하는 것은 항상 무엇인가에 대해 더 이상 생각하지 않는 것, 고통을 목격할 때조차 고통을 잊어버리는 것이다.─ 오락이 약속해 주고 있는 해방이란 '부정성'을 의미하는 사유로부터의 해방이다.3)

---

2) M. 호르크하이머 · Th. W. 아도르노, 김유동 외 공역, 『계몽의 변증법』(문예출판사), 174쪽.
3) 위의 책, 200쪽.

현대 대중문화의 역기능들을 고려한다면 위의 우려 섞인 지적들
은 한층 더 설득력을 가진다. 프랑크푸르트 학파들이 알지 못했던
위험들도 속속 등장하고 있는 지금 '사이버 범죄' 특별법이 만들어지
게 되었다.

정보통신부는 PC와 인터넷의 급속한 확산에 따라 다양한 형태
의 부작용이 발생, 사회적으로 물의를 빚고 있어 정보화의 역기능
방지를 위한 특별법을 제정키로 했다고 5월 11일 밝혔다. 정보통
신부 관계자는 "사이버 공간에서 벌어지는 범죄 행위는 폭발적으
로 늘고 있으나 처벌할 만한 명확한 근거가 없어서 방치돼 왔다"
며 "특별법에는 체형 위주로 엄중 처벌하는 내용을 담게 될 것"이
라고 설명했다. (≪경향신문≫ 1999. 5. 12.)

프랑크푸르트 학파와는 달리 대중문화 산업에 대하여 보다 낙관
적이며 옹호론적인 평가를 내리는 비평가들도 존재한다. (주로 미국
의 학자들인) 그들은 대체로 대중문화에 대한 사회진화론적 입장의
사상가들인데, 이들 비평가들은 대중문화가 민주주의나 다원주의를
구현시키는 것으로 찬양하고, 문화 산업이 교육의 발전을 촉진하고
개인의 자율성이나 인간성과 같은 가치를 높이는 것으로 주장하고
있다. 이들의 낙관론적인 전제는 현대 산업사회가 교육 수준의 상승,
여가의 증대, 경제적 부유화 등에 의한 고도의 대중 소비를 전제로
형성되었음을 강조한다.[4]

---

4) 이강수 편, 『대중문화와 문화 산업론』(나남), 308쪽.

그들은 현대 산업주의 사회가 그 구조로 보아 민주적이며 매스미디어를 통하여 전파된 공유 문화가 중심 문화이며, 문화가 지배자 계급의 점유물이었던 것은 과거의 이야기라고 주장한다.[5]

대중문화 산업의 부가가치는 날이 갈수록 천문학적인 숫자를 기록한다. 그만큼 이제 대중문화 산업이 기업들의 주요한 산업으로 바뀌어 가고 있는 것이다. 다음의 기사만 봐도 영화 산업의 높은 부가가치를 실감하게 될 것이다.

조지 루카스가 만든 전설적인 공상영화 <스타워즈 4>가 지난 19일 미국에서 개봉됐다. 1억 1천만 불을 들여 만든 이 영화는 흥행 수입으로 6억 달러를 초과할 것으로 기대됐고, 이미 캐릭터 사용료로 25억 달러, 완구회사 '해즈브로'로부터 5억 달러를 받는 등 엄청난 수입을 기록하고 있다. (≪경향신문≫ 1999. 5. 29. 연예면)

대중문화 산업이 돈을 많이 버는 산업이기 때문에 교회가 관심을 가져야 한다는 뜻이 아니다. 오히려 "돈만을 벌려는 사람들"을 견제하기 위함이다. 또한 많이 소비된다는 것은 돈을 많이 벌 수 있다는 점 외에 그만큼 대중들에 대하여 막강한 영향력을 가진다는 뜻이기 때문에 나쁜 영향을 막고 좋은 영향을 미쳐야겠다는 뜻이다.[6] 나쁜

---

5) 앞의 책, 308쪽.
6) 대중문화의 해악들을 막는 방법으로 "문화 소비자 운동"을 들 수 있겠다. 이에 대한 글은 권장희, "정보 문화 시대의 문화 소비자 운동," 기윤실 편, 『대중문화 더 이상 침묵할 수 없다』(예영커뮤니케이션) 참고. 또한 대중문화의 역기능들은 정재후, "대중문화의 양대 해악 폭력성, 음란성 문제," 기윤실 편, 같은 책, 참고.

영향을 막는 것은 문화 소비자 운동을 통하여 어느 정도 가능하겠지만, 좋은 영향을 미치는 것은 '문화 생산 운동'을 통하는 것이 더욱 효과적일 것이다. 그래서 우리가 이제 대중문화 산업에 관심을 갖고 투자해야 한다는 것이다.

3. 기독교 대중문화 산업의 현실 진단

1) 출판업계

(1) 오랜 전통을 가지고 있음에도 불구하고 그 영세성은 이루 말할 수 없다. '97년 종교서적(기·천·불 포함) 매출액은 전체 서적의 2.3%에 불과하다. 예를 들면, 일반 서적 연간 베스트셀러 1위가 100만 권을 상회할 때 기독교 서적 1위는 5만 권 정도라 한다.

(2) 작품들의 편협성도 문제다. 교회 성장과 목회 상담(치유, 기도)에 관한 책들이 주류를 차지하고 창조성을 발휘한 문학 작품들은 거의 없다. 이런 이유로 기독교 대중들은 기독교 서점을 잘 가지 않는 것 같다. 특히 젊은 사람들이 읽을 만한 글이 드물다. 반면에 일반 서적은 어떠한가? 흥미뿐만 아니라 교양, 예술, 전문적 지식을 제공하는 다양한 품종들이 선보이고 있다.

(3) 홍보와 마케팅 능력에서도 비교가 안 된다. 유통 구조가 다른 것도 심각한 문제이다. 기독교 서적은 기독교 서점과 기독교 백화점을 통해 유통되는데 전국에 400개 정도이다. 그나마 상당수가 서적은 일부만 진열되어 있고 음반, 액자, 선물 등 잡화점식 경영을 하고

있는 상태이고, 그 중에는 폐업을 고려하고 있는 곳도 많다고 한다. 결국 서점다운 서점은 200개가 채 안 된다고 보아야 할 것이다. 반면에 일반 서점들은 6,000개에 육박하고 있고 그 규모 면에서도 비교가 안 된다.

2) 음반업계

(1) 상대적으로 기독교 문화 산업 가운데서 가장 활발한 생산 활동을 하고 있다. 그 이유는 교회가 찬양을 통해 음악과 친숙해 있기에 음악 수준이 뛰어난 것으로 볼 수도 있고, 한편으론 워낙 요즘 세대들이 책보다는 음악과 영상에 친근감을 보이기 때문이기도 할 것이다. 일반 음반의 연간 베스트셀러 1위가 250만 장일 때 기독교 음반 1위는 10만 장 정도라 하니 비율로 봐서는 서적이나 마찬가지라 할 수도 있다.

(2) 음반은 서적보다는 다양한 판로—방송, 교회, 찬양집회 등—를 통해 전파될 수 있는 유리한 점이 있다는 점을 기억하고 적극 활용했으면 좋겠다. 또한 이동 중에 음악을 들을 수 있다는 점은 음반 산업의 유리한 점이다(자동차, 워크맨).

(3) 활발한 크로스 오버가 필요하다. 일반 가수 가운데서도 기독교인들이 많이 있을 것이다. (특별히 청소년들에게 커다란 영향을 주고 있는) 그들 중의 일부라도 복음성가 음반을 취입하면 좋겠다. 반면에 교회 안에서만 활동하는 복음성가 가수들도, 기독교 선교 전략이 노골적으로 나타나지 않는 좋은 가사들에 곡을 붙여서 일반 방송과 시장에 진출하면 좋겠다. 일반 시장에 진출한다는 것을 단순히

큰 시장을 개척해서 돈을 많이 벌어들이는 것이 목적이라고 생각하지 말자. 그런 의미가 아니라 대중들의 가치관과 삶에 좋은 영향을 주자는 것이다.

(4) 전문 기획사들이 너무 부족하다. 기획만을 전문으로 해도 생계가 보장될 수 있을 만큼 우리 음반계가 성장해야 프로 기획자들과 매니저, 세션맨, 디렉터들이 육성될 수 있을 것이다.

3) 영상업계

(1) 기독교 영화 산업계는 산업체로서 활발하게 활동하는 기획사, 제작사, 유통사를 찾아보기 힘들고 영상 제작사 '조코재미', 영화 모임 '케노시스', 창천교회 문화쉼터에서 운영하는 '오픈 시네마' 영화 관람 정도가 고작이다.

(2) 우선 기독교적 가치관을 담은, 혹은 기독교적 가치관이 수용할 수 있는 단편영화를 제작하는 일이 활성화가 되면 좋겠다. 장편영화는 막대한 예산이 필요하므로 모두 엄두를 못 내고 있는 실정이다. 단편영화는 잘 만들고 잘 활용하기만 한다면 적은 돈으로 큰 수확을 거둘 수 있는 알찬 투자가 될 수 있을 것이다. 예를 들면, 교회 창립 10주년 행사로 예산 800~1,000만 원 정도를 들여 단편영화를 제작할 수도 있고 교단 교육부(노회)에서도 여름성경학교와 성탄절, 부활절 때 보급할 수 있는 단편영화나 단편 애니메이션을 제작할 수 있다. 영상 세대인 초중고생들에게 멀티미디어 교재를 만들어 보급하는 것은 매우 시급한 일이라 할 수 있겠다.

(3) 기독교 영상업계는 기독교 수요층이 없어서 불가능하다는 통

넘이 있다. 그러나 교회학교나 여전도회의 수요층을 생각해 보면
"이보다 더 큰 수요층은 없다"고 발상을 전환할 수도 있을 것이다.
틈을 내는 아이디어를 발휘하면 길은 열리기 시작할 것이다. 예를
들면, 최근 CCM을 영상에 담은 뮤직비디오를 전문으로 제작하는
'한국 복음성가 영상센터'(GMV)가 설립되어 뮤직비디오를 생산하
고 있고, 많은 교회들이 자체적으로 영상팀, 멀티미디어팀을 조직하
고 장비를 구입하여 활용하기 시작했다.

(4) 교회 안에서 점차로 영상에 대한 관심이 증가되고 있는 것은
고무적인 일이다. 그러나 개교회가 영상 장비를 구입하는 것으로 끝
나지 말고 교단 총회, 혹은 초교파 사업으로 영상 산업을 육성해야
할 것이다.

4) 만화, 애니메이션, 캐릭터, 전자오락7)

(1) 애니메이션 등 위에 열거한 분야들은 세계 대중문화 산업의
주류를 형성할 정도로 커 가고 있다. 그 업체들은 세계적인 기업으
로 성장하여, 게임 소프트웨어를 생산하는 '닌텐도'(직원 50여 명)의
매출액은 세계적인 반도체 회사인 삼성전자(관련 직원 10만여 명)를
앞지르고 있고, 회사원 1인당 순이익은 삼성전자, 현대자동차에 비
해 훨씬 많은 수치를 기록하고 있다. 돈 이야기를 하자는 게 아니라
많이 팔린다는 것은 그만큼 전세계의 아이들과 청소년들에게 강력
한 영향을 주고 있다는 사실을 의미한다.

---

7) 이 부분에 대해서는 필자의 "만화, 애니메이션, 전자오락 어떻게 볼 것인가?,"
임성빈 편, 『흔들리는 젊음, 결혼, 가정 바로 세우기』(예영커뮤니케이션)를 참고.

(2) 위의 제 산업 분야에 대해 기독교계는 정말 속수무책인 것처럼 여겨진다. 관련 산업이 있다고 볼 수 없을 정도이다. 만화, 전자오락 같은 것은 소위 "나쁜 애들이나 하는 짓", "신앙과는 먼 것"으로 인식되어 왔기에 기독교 산업이 육성될 리 없었다. 인식의 전환이 필요하다. 수천만, 수억의 아이들이 비기독교, 나아가 보편적 인간으로서 공유할 수 없는 비인간적인 가치관에 빠져든다면 교회는 '하나님 나라'를 깊은 산 속으로 옮기는 수밖에 없을 것이다.

(3) SBS와 (주)한신 코퍼레이션이 공동으로 기획, 제작하여 제작비 20여억 원을 투자한 극장용 애니메이션 <예수>는 국내 흥행에는 실패했지만 기독교 문화 산업 역사에 기록될 만한 중요한 시도로 기록될 것이다. 예수님의 외모, 복장과 그 시대에 대한 고증 작업과 음향 녹음을 이탈리아에서 했고 홍보 전략에서 텔레비전 광고를 하는 등 의욕적인 기획력을 유감 없이 보여 주었다. 국내 흥행에는 실패했지만, 다행히 해외 판권을 얻어 수출했기에 제작비 회수에는 어려움이 없는 상태라 한다. 아쉬운 것은 교회의 외면이다. 교회 교육 정책적인 차원에서라도 단체로 관람하는 지원이 선행되지 않으면 영세한 기독교 산업체들이 할리우드와 일본의 대자본과 어떻게 경쟁을 할 수 있겠는가?

제작사들도 기독교 영상 사업이라고 해서 꼭 예수님과 성서의 인물들이 출연하는 작품을 만들어야 한다는 강박관념에서 벗어나면 좋겠다. 은근하게 기독교 가치관이 녹아 있는 작품들을 통하여 하나님 나라는 더욱 더 확장될 수도 있기 때문이다.

(4) 전자오락은 더 이상 주변 문화가 아니다. 사이버 문화 공간이 급속히 팽창하고 있다. 전자오락은 상상을 초월할 정도로 대중들의

시간을 잠식하고 있다. 젊은이들에게 전자오락이 없는 여가시간이란 상상할 수가 없을 정도이다. 전자오락 산업에 기독교인들이 적극 참여해야 한다. 일반 회사에 들어가서 좋은 프로그램을 창작, 기획, 판매하는 것은 물론 기독교 세계관을 품은 작품들도 제작해야 한다.

아마도 사업가들은 기독교 관련 산업은 시장성이 없어서 투자할 가치가 없다고 생각할지 모른다. 그러나 생각해 보자! 교회학교 학생들만큼 많은 잠재적 소비자들을 두고 있는 공동체가 있는지? 문제는 "'기독교'자가 붙으면 재미는 없고 옳은 답만 강요하는 것"이라는 선입견을 깨어 보는 시도가 너무 없다는 점이다. 정말 이런 산업에 참여, 헌신하는 벤처 기업가들이 나오기를 기대한다.

5) 신문, 잡지

셀 수 없이 많은 교단지들과 영세한 신문사들의 난립으로 인해 (주로 주간으로 발행되는) 기독교 신문은 실상 언론의 역할을 감당하고 있는지 의문이 든다. 쉬운 예를 들면, 몇 개의 신문에 같은 기사가 나도 그 기사를 읽은 기독교 대중들을 찾아보기란 쉽지 않다는 사실이다. 신문을 구독하는 것은 둘째치고, 그런 신문이 있는지도 모르는 사람들이 더 많다는 뜻이다.

중앙일간지 ≪국민일보≫의 창간은 매우 기념비적인 일로 평가될 수 있다. 그러나 일반 대중들의 외면, 심지어는 기독교인들의 외면으로 인한 심각한 적자난을 겪고 있음은 매우 유감스러운 일이다.

'97년 결산을 보면, ≪조선일보≫가 순이익 97억 원(96년 177억에서 많이 감소함)으로 1위를 차지하였고, 매출액은 ≪중앙일보≫가

4,312억 원으로 1위를 차지하였다. ≪국민일보≫는 15개 중앙일간지 중 매출액이 481억 원으로 14위, ≪세계일보≫가 440억 원으로 꼴찌이다. 그러나 통일교도와 기독교인의 숫자를 생각해 본다면 더욱 참담한 결과인 것 같다. 반면에 결산에서는 ≪국민일보≫가 -287억 원으로 (≪세계일보≫의 -281억 원을 제치고) 꼴찌를 기록했다.

잡지는 ≪신앙계≫, ≪생명의삶≫, ≪낮은울타리≫ 정도가 몇만 권 정도의 발행 부수를 기록하고 그 외에는 대부분 존속 여부가 불투명한 상태로 소위 가까스로 견디는 형국이라 한다.

우선은 기독교인들에게 매력을 끌 수 있는 신문, 잡지가 되어야 하고 그 울타리를 넘어서 일반 대중들에게 소비되어야 한다. 그러나 불행히도 기독교인들에게 매력을 끄는 일차적인 과제도 만족시켜 주는 매체들이 드물다. 우선은 기독교 신문, 잡지사의 (총체적인 의미에서) 경쟁력이, 실력이 떨어짐을 지적하지 않을 수 없다. 그러나 기독교 대중들에게는, 교회에는 책임이 없는가 묻고 싶다.

"정말 어렵다. 어디다 초점을 맞추어야 하는지? 한국 기독교인들의 (교파 분열에 의한 정체성의 다양함에 따른) 다양한 기호를 충족시키는 일이 매우 힘들다"는 ≪국민일보≫ 기자의 푸념을 들었다. 또한 일반 신문처럼 하려 하면 기독교인들의 거센 항의가 빗발치고 지금처럼 하면 재미없다고 안 본다고 한다. 제3의 길은 없는 것일까? 문화 산업체들도 깊이 반성해야 하지만 기독교 대중들도 시어머니 역할은 잘 하면서도 정작 사랑(관심과 소비)은 베풀지 않는다는 것을 회개해야 하지 않을까?

국민일보사의 또 하나의 도전이 있었다. 스포츠, 연예 일간지인 ≪스포츠투데이≫를 창간한 것이다. 기독교의 정체성을 잃지 않는 스포츠, 연예 신문이 가능할 수 있는지 많은 사람들이 우려하고 있다. 아직은 출발 초기라 그 평가가 어렵다고 생각된다. 물론 대중들에게 건전한 즐거움을 준다는 것은 기독교 정신과 상반되지도 않을 뿐더러 오히려 바람직한 일이라 생각한다. 다만 일반 스포츠 신문들이 보여 주었던 저질의 재미(음란성, 폭력성 시비)를 어떻게 ≪스포츠투데이≫가 극복할 것인가 걱정을 하고 있는 것이다.

6) 방송

라디오 방송인 극동방송은 헌금으로 운영되기에 열악한 재무 구조에 따른 소극적 자세와 청취자들이 고정화되어 있다는 문제점을 안고 있다. 특별히 FM 방송이 없고 AM은 수신 상태가 별로 좋지 않은 것이 시급히 개선해야 할 문제점이다. 아울러 프로그램 특성이 젊은 층들이 지루해하는─아마 초기에 이미지가 그렇게 형성된 것이 계속해서 편견을 가져올 수도 있다─ 설교와 간증, 예배 위주로 편성되어 있는 것이 다양한 청취자들을 확보하는 데 어려움으로 작용하는 것 같다.

기독교방송은 AM은 전통적인 기독교 대중들을 위한 프로그램을 고수하고 있고, FM은 CCM과 대중음악을 중심으로 크로스 오버를 위한 변신을 꾀하고 있다. FM을 음악 전문 방송으로 내세우면서 일반 대중들과 친근해진 것은 매우 고무적인 일이지만 기독교방송의 정체성을 놓고 찬반양론이 벌어지고 있다. 특별히 잦은 노사간의 갈등은 대중들에게 우려나 혐오감을 줄 수 있다는 사실을 기억하면 좋겠다.

기독교 텔레비전은 계속되는 잡음과 재정난에 도대체 누가 그 텔레비전을 보고 있느냐는 질문이 나올 정도로 심각하게 시청자들과 유리되어 있는 듯하다. 결국 자본금 출자자들이 보유 주식을 감자하게 되는 비극적인 사태를 맞이한 기독교 텔레비전의 실패 원인을 두고도 많은 갑론을박이 있다. "개교회주의에 물들어 있는 개신교가 연합 사업을 할 역량이 애초에 없었다", "출발부터 전문가보다는 나누어 먹기 식의 인사 배정이 문제가 있었다", "보다 근본적인 것은 기독교계에서 텔레비전 방송 사업을 할 만한 전문 경영인과 실무진이 없었다. 무리한 출발이었다" 등등의 비판이 끊이질 않고 있다.

다음은 기독교 텔레비전 노조가 1998년 12월에 발표한 성명서 중에서 기독교 텔레비전의 문제점을 한눈에 볼 수 있는 일지이다. 필자가 노조의 입장을 지지하기 때문에 다음 내용을 인용하는 것이 아니라 우리 성도들의 귀한 헌금으로 출자된 회사가 이렇게 운영되었다는 것에 안타까움을 느끼면서 앞으로의 정진을 바라는 마음으로 옮기는 것이다.

1997. 11. 임시 주주총회, 경영진 및 이사진 교체, 강압적 일괄 사표 수거

1997. 12. 총 3차에 걸친 직원 40%의 부당 해고

1998. 1. 재방 비율 90% 이상으로 파행 방송, 직원 임금 15% 삭감

1998. 2. 추가 40%의 직원 해고 논의 본격화 및 해당 명단 작성

1998. 3. 노동조합 설립 신고 및 조합 지도부 부당 해고, 사측의 조직적 노조 탄압
정부 명령으로 조합 지도부 및 부당 해고자 8명 복직, 노조 사무실 개소 예배

1998. 4.	기독교 텔레비전 이사회 표면적 부도 방지 결의, 이면적 방송 장비 불법 매각
	한미은행으로 돌아온 10억 원의 채무이행 어음 부도, 기타 부채 상환 불능으로 최종 부도 처리
	정부 명령으로 부당 해고자 16명 추가 복직
1998. 5.	기독교 텔레비전 이사회 4인 대책위 구성
	임금 체불 6개월
1998. 6.	노동조합, 책임 규명 촉구 및 각종 채권 확보
	사측, 노동조합 위원장 및 사무국장을 명예훼손으로 고발
1998. 7.	노사 합의를 통해 희망 퇴직 신청자 모집, 3개월 시한으로 처리를 합의
1998. 8.	희망 퇴직 신청자 휴직 명령, 추가 휴직 명령
	명예훼손 고발 철회 및 검찰의 무혐의 처리
1998. 9.	각 교단 총회, 특기할 만한 진전 보이지 못함
1998. 10.	일부 상여금 불법 환급 조치, 조합 항의로 환급 취소
	10월 중 개인 자본가 자금 유입 약속 및 불발
1998. 11.	1개월 시한 연장, 근로 조건 협의 없이 사측의 일방적 사규 개정, 일부 휴직자 복직 및 대기 발령
1998. 12.	최종시한 전 교단 자금 유입 약속 및 불발, 시한 만료로 희망 퇴직 신청자 복직

7) 사이버, 인터넷, 전자 상거래

사이버 공간은 날이 갈수록 팽창하고 있다. 그 영향력이 얼마나 커질 것인지 아무도 예측할 수 없을 정도다. 얼마 전 미국의 한 고등학교에서 총기난사 사건이 일어났다. 끔찍하게도 수십 명이 죽고 다쳤다. 범인들은 잔인한 전자오락인 <모탈 컴뱃>을 거의 매일 빠지지 않고 해 왔고, 인터넷 상에 있는 폭탄 제조법 사이트를 자주 들어가서 폭탄 만드는 법을 익혀 왔다고 한다. 또한 남자 네티즌들의 70% 이상이 음란 사이트를 즐겨 찾는다고 할 정도로 사이버 공간은 폭력과 음란의 무한한 창고가 되고 있다. 국내 피시통신 인포샵의 저질성도 문제다. "화끈한 일본 여고생 팬티." 이런 식의 사진들을 게시해 놓고 돈을 번다. 돈이 되는 것은 무엇이든지 올린다.

기존 주류 통신 회사에 대한 모니터 운동과 함께 기독교 통신 네트워크를 성장시켜야 할 것이다. 호산나넷(WWW.hosanna.net)은 무료 아이디 발급을 하는 웹메일 서비스를 시작으로 하여 교회와 목회자들, 선교 단체들의 홈페이지를 무료로 작성해 주고 해외선교 사역을 돕는 등 활발한 활동을 하고 있다. 앞으로 사이버 대학, 전자상거래 등 미래 사회에 필요한 것들을 놓치지 않기 위해 지금부터 작은 노력이나마 경주하고 있다는 것은 매우 고무적인 일이다.

8) 기독교 문화 산업 활성화를 위한 대안의 방향성

기독교 대중문화 산업이 총체적으로 열악한 상황에 있다는 것은 결국 기독교 문화 상품들이 제대로 생산되고 있지 못함을 반영한다. 왜 이렇게 되었을까? 대안은 없는 것일까?

(1) 다양한 언어를 개발해야 한다

현대인들의 문화적 욕구가 얼마나 다양한가, 대중들이 이미 얼마나 재미있는 프로그램들을 보아 왔는가를 생각해야 할 것이다. 그들에게 식상한 프로그램을 공급하지 않기 위해서 얼마나 부단한 노력을 해야 하는지, 또 능력 있는 사람을 기르기 위해서 얼마나 과감한 투자를 해야 하는지 깨달아야 할 것이다. 가령 방송국 직원들에게 선진 방송 프로그램들을 보고 올 수 있도록 투자를 해야 한다. 프로그램마다 직설적으로 "예수 천당", "오직 믿음"의 구호를 외치기보다는 승화되고 절제된 그리스도의 정신이 스며들어 있는 작품들을 만들기 위해 노력하고 투자해야 할 것이다.

또 역량 있는 사람들이 마음껏 일할 수 있는 장이 기독교 안에 마련되어야 할 것이다. 물론 기독교 신앙의 정체성을 가진 사람이 일반 대중문화 산업체에 들어가서 바른 생각을 실천한다면 그것도 좋은 일이다. 목회자들은 자신의 교인들이 대중문화 산업에 종사하는 것을 적극적으로 격려하고 기도해 주면 좋겠다.

(2) 인사의 투명성이 중요하다

창의성이 있는 실력자들이 일할 수 있는 장이 열려야 한다. 교단들의 '나눠 먹기식' 자리매김으로 실력 있는 전문가들이 요소요소에 적절하게 배치되지 않을 수 있다. 또한 경영자들의 투자가 미약하면 실력 있는 사람들을 쓸 수가 없다. 다른 일반 문화 산업체에 가면 대우를 훨씬 더 잘 받는데 단지 하나님의 일이니 기독교계에서 헌신하라고 하는 것은 무리가 아닐 수 없다.

(3) 목회자들의 세계관(문화관)이 바뀌어야 한다

대개의 목회자들이 생각하는 소위 '훌륭한 교인'이란 어떤 사람들일까? "교회의 예배와 여러 행사를 비롯한 교회 내의 일에 적극적으로 참여하는 사람들"이라고 정의하고 있지는 않은가? 물론 그것은

훌륭한 교인의 기본일 수 있다. 그러나 전부는 아니라는 뜻이다. 신
도가 주일날을 어떻게 보내는가뿐만 아니라 월요일에서 토요일까지
무엇을 하며 어떻게 살아가고 있느냐에 따라 훌륭한 교인에 대한 평
가가 이루어져야 할 것이다.

4. 기독교 문화 생산을 위한 적극적인 세계관(문화관)을 갖자!

1) 삶의 모든 영역에서 하나님의 주권 회복: 하나님 나라의 확장(창 1:28, 골 1:16-17)

히브리-기독교의 문화관은 "현재는 불투명하고 불가능해 보이는
약속을 믿고 떠나는 역동적인 신앙으로 하나님께서 가라 명하신 세
상을 향해 나아가는 것"이라 생각한다. 하나님의 문화 명령은 타락
한 세상을 정죄할 때 실현되는 것이 아니라, "가서 세상에 참여하고
사랑하기에 아파하며 성령의 능력으로 고치는 것"에서 이루어질 수
있을 것이다.

세상이 타락했다고 해서 일찍 포기해 버리고 교회가 교회 안으로
만 은둔한다면, 대중들에게 커다란 영향을 주는 문화 영역들을 다
사탄적인 세력에게 주는 꼴이 될 것이다. 하나님께서 우리에게 허락
하신 영역들을 하나씩 둘씩 포기하게 된다는 뜻이다. 그럴 수는 없
다! 우리는 다시 한 번 "삶의 모든 영역에서 하나님께 영광을!" 돌리
는 개혁교회의 정체성을 기억하고 정치, 경제, 문화 모든 영역에서
하나님의 주권이 회복되도록 최선을 다해야겠다.

2) 문화 생산(자) 운동: 교회를 위한 인재 양성과 문화 산업 육성

대중문화의 상업성으로 인한 폐해는 날로 심각하게 증가한다. 지금은 교회가 세상을 타락했다고 걱정만 할 단계가 아니라 교회 자체가 정체성을 상실해 갈 수도 있다는 경각심을 가져야 할 것이다. 우선 교회를 보호하고 기독교 가치관을 보호하기 위하여 대중문화 산업에 대한 '모니터 운동'[8]을 전개해 나가야 한다. 그러나 그것은 수동적이고 방어적인 자세이기에 우리 것을 생산해 내는 운동과 병행하지 않으면 계란으로 바위를 치는 격과 같게 될지도 모른다. 필자는 그래서 "기독교 문화 생산(자) 운동"의 필요성을 논하는 것이다. 사실 교회 대중들의 창조(생산) 역량은 무한한 잠재성을 가지고 있다고 생각된다. 그러나 소위 '기독교적'이라는 수식어 때문에 많은 이들이 갈등하고 어려워하는 것 같다. 가령 '기독교 만화'라고 하면 꼭 예수님이나 성서의 인물들이 주인공으로 나와야 하는 것이냐는 질문이 그 대표적인 예이다. 필자도 고민 중에 다음과 같은 기독교 문화 생산의 방향성을 생각해 보았다. 하나의 입장으로서 참고하기를 바란다.

(1) 예술의 목적과 방향성은 그리스도와 그리스도의 교회이다

예술은 실제의 세계를 반영할 수 있다고 믿는다. 그러나 그 반영의 목적은 초월성을 띤다. 즉 사람을 위한 것이되 특정 사람, 단체,

---

8) 대중문화에 대한 모니터 운동은 '문화 소비자 운동'을 위한 첫걸음이라 볼 수 있다. 권장희, "정보 문화 시대의 문화 소비자 운동," 기윤실 편, 『대중문화 더 이상 침묵할 수 없다』(예영커뮤니케이션) 참고.

이념을 위한 것이 아니라는 뜻이다. 그런 뜻으로 예술의 목적을 '그리스도를 위한 것이다'라고 진술한 것이다. (세속 리얼리즘의 한계 극복 의도를 말한다. 예: 북한의 사회주의 리얼리즘은 김일성과 그 체제에 봉사하는 것을 주기능으로 하고 있다. 또 어떤 특정 상황에서 정부, 혹은 특정 세력을 적으로 형상화하여 타격을 입히는 것을 목적으로 삼을 수 있다.)

'주님의 교회'라 함은 예술이 인간의 삶과 동떨어진 신비적이고 은둔적인 것이 되지 않기 위함이다. '교회'를 위한 예술을 말한다. 물론 교회는 사람들이다. 또한 현재 교회에 출석하는 교인들만을 지칭하는 것은 아니다. 교회는 열려 있다. 세상은 교회와 적대되는 개념이 아니라 '잠재적 교회', '미래의 교회'로서 세상이다. 기독교 문화 예술 품들이 현재의 교회에게만 의사소통될 수 있다면 교회의 확장은 어려워질 것이다. 교회는 세상에 열려 있어야 한다. 세상의 언어에 관심을 가지고 배타 언어가 아닌 다양한 공유 언어를 사용해야 할 것이다.

(2) 주제는 '생명의 존엄성과 실현'이다[9]

그리스도의 삶은 섬김과 나눔을 통한 생명의 존엄성의 실현(회복)이다. 예술의 주제는 인간과 자연의 존재에 대한 외경심과 가치를 드러내는 것이다. 흥미와 상업적인 목적을 우선으로 하면 자극적인 내용—살인, 폭력, 음란, 기상천외한 범죄, 스피드 등등—을 담게 된

---

9) '생명의 존엄성'에 대한 강조는 기독교의 보편적인 사상이지만 특별히 다음의 책에서 힌트를 얻었다: 맹용길, 『기독교윤리학 개론』(서울: 한국장로교출판사, 1994), 20-21쪽; 맹용길, 『자연·생명·윤리』(서울: 임마누엘, 1992), 85-120쪽.

다. 인간의 모방 심리를 인정한다면 그것은 죄를 유도하는 큰 죄이
다. 생명을 죽이거나 폭력을 쓰는 것, 그리고 음란한 묘사를 없애고
도 얼마든지 예술 작품을 만들 수 있다. 혹 내용 전개상 그런 묘사가
불가피하게 들어 있다 할지라도 그 장면과 상황을 저자극적인 암시
를 통해서 처리할 수 있다.

물론 예술은 윤리적 가치에 종속될 수 없다. 그 자체로서의 아름
다움(쾌감, 재미)을 지녀야 한다. 그러나 기성의 가치관을 공격할 때
아름다움이 보장되는 것도 아니고 아름다움은 밖으로 드러나는 것
만이 아니다. 소위 감각적이고 섹시한 것이 아름다움의 대표가 될
수 없다. 생명의 존엄성이 실현되는 아름다운 내용들을 '긍정'하고
고무하며, 또 생명의 존엄성을 위협하고 깨뜨리는 것을 고발, 비판,
개혁하는 '부정'의 정신을 갖는다.

(3) 사회적 책임을 감당하는 예술이다

이것은 하나님의 '정의'를 이 땅에 실현하려는 의지를 말한다. 착
하고 아름다운 삶에 대한 간접 경험을 통해 절망과 혼란에 빠진 사람
들을 일으켜 준다. 고아, 과부, 나그네를 학대하고 착취하는 잘못된
권위와 억압에 대해 항거한다. 독재정권 혹은 반인륜적인 구조와 억
압에 대하여 하나님의 명령으로써 저항한다. 여기서 물론 잘못된 권
위와 학대에 대하여 저항하고 개혁해야 하지만 기존의 권위와 질서,
제도가 다 무가치하고 잘못된 것이라는 뜻은 아니다. 무조건적인 저
항과 해체는 '무정부주의적인' 혼돈과 무질서를 가져오게 되어 무한
적인 '자유'가 오히려 사람들을 억압하게 된다. 우리에게는 해체할 수
없는 "하나님 사랑과 이웃 사랑"이라는 격률(maxim)이 존재한다.

윤리적인 메시지가 있는 예술품들은 다 촌스럽고 작품성이 떨어지는 것이 아니고, 반대로 탈윤리의 메시지가 있다고 해서 그 예술품들이 훌륭해지는 것은 더더욱 아니다. 문제는 그것을 어떻게 형상화했느냐에 따라서 달라진다. 따라서 아직도, 아니 앞으로도 '리얼리즘', 혹은 어떤 사조의 틀을 가지고도 얼마든지 가치 있고, 재미있고, 아름다운 예술을 창작할 수 있다고 믿는다.

(4) 세속 문화와의 대화적 관계, 변혁적 관계를 갖는다

성과 속의 이원론적인 구분은 기독교 문화의 고립과 함께 대중성을 잃게 만든다. 세속 대중문화는 다 악마적이라는 생각은 창조주 하나님을 너무 작은 분으로 묘사하는 것이다. 따라서 세상의 문화와 대화적 관계를 갖는다는 것은 세속 문화에도 기독교 정신에 도움을 주며 삶에 활력소가 될 만한 건전하고 승화된 예술이 있음을 인정하고 수용, 발전시킨다는 뜻이다. 그러나 '변혁적 관계'를 가진다는 말은 세속 문화가 불건전하게 타락할 때 그 세속 문화를 경계하며, 나아가서 지도하고 변혁한다는 뜻이다.

(5) 양이 아닌 질의 문화, 생명의 문화를 지향한다

문화 예술품의 가치가 얼마나 많이 팔렸느냐 얼마나 유명해졌느냐로 결정되어서는 곤란할 것이다. 사람들에게 얼마나 깨달음, 감동, 맑은 정서로의 변화, 삶에 대한 의욕을 주었는가로 그 가치가 결정되어야 할 것이다. 하나님도 그것을 기뻐하실 것이기 때문이다. 정말 유익하고 아름다운 것이 재미있고도 멋있는 것이다.

그러나 현대의 문화 유통 구조를 고려할 때 위에서 언급한 대로 양보다 질이 중요하다는 당위성만 가지고는 그 뜻을 현실화시킬 수 없을 것이다. 왜냐하면 문화 상품들을 생산하는 주체들과 유통하는 주체들은 최소한의 이윤이 보장되지 않으면 존립 자체가 불가능하기 때문이다.

'질의 문화'가 가능하기 위해서 물론 최소한의 '양의 문화'가 전제되어야 함을 말하고 싶다. 다시 말해서, 기독교 대중들이 문화 생산 운동에 동참하는 길은 (소극적인 방법인 것 같지만) 우선은 (마음에 흡족하지 않아도) 기독교 문화 상품들을 사 주는 것이라 생각한다 (새 신자 선물, 생일자 선물, 시상품 등으로 활용하면 좋겠다). 기독교 대중문화 산업이 자생력이 생기면 의욕적인 기획물을 내놓을 수 있게 되고 점점 좋은 작가와 가수, 예술인들이 생겨난다. 아울러 기독교 대중문화 산업에 종사하는 사람들은 더욱 더 투철한 사명감과 열정을 가지고 순교적인 각오로 일해야 할 것이다. 교인들의 관심을 얻는, 사랑을 받을 수 있는 가장 근본적인 방법은 좋은 의미를 담고 있으면서도 지루하지 않은 문화 상품들을 개발하고 생산해 내는 일일 것이다.

3) 세상을 위한 섬김: 음란, 폭력물에 지친 세상을 섬기는 자세로 좋은 문화를 만들자!

문화의 흐름을 바꾸어 놓는다는 것은 선교적 차원에서도 대단한 의미가 있다. 단순히 상업적인 목적이 아닌 사람들에게 쉼과 즐거움을 주고 나아가서 복음에 친화적인 정서와 인격을 형성하는 데 기여할 수 있다. 다시 한 번 강조하지만, 일반 시장에 진출한다는 것을 단순히 큰 시장을 개척해서 그들의 돈을 많이 벌어들인다는 의미로 축소시켜 생각지 말자. 그 의미보다는, 대중들의 가치관과 삶에 좋은 영향을 적극적으로 주자는 것이다.

한편 우리가 놓치고 있는 것이 또 하나 있는데, 기독교 대중들의 문화 감식 능력과 비판 능력을 강화시키기 위하여 대중들에게 '미디어 교육'을 강화하면서 대중문화 산업에 관심을 높여야 한다는 것이다.